혼자서도 할 수 있는
네이버 메인노출 마케팅

메인노출 준비하기 ▶ 분석하기 ▶ 콘텐츠 만들기 ▶ 진행하기 ▶ 관리하기

'네이버 상위노출' 이기는 '네이버 메인노출'의 힘
그 구체적인 방법이 담겨 있는 책!

혼자서도 할 수 있는

네이버 메인노출 마케팅

메인노출 준비하기 ▶ 분석하기 ▶ 콘텐츠 만들기 ▶ 진행하기 ▶ 관리하기

초판 1쇄 인쇄 | 2018년 06월 10일
초판 1쇄 발행 | 2018년 06월 25일

지은이 | 바이컴퍼니
펴낸이 | 김병성
펴낸곳 | 앤써북

출판사 등록번호 | 제 382-2012-0007 호
주소 | 경기도 고양시 일산 서구 가좌동 565번지
전화 | 070-8877-4177
FAX | 031-919-9852
도서문의 | 앤써북 http://answerbook.co.kr

가격 | 16,500원
ISBN | 979-11-85553-38-2 13000

- 이 책의 일부 혹은 전체 내용을 무단 복사, 복제, 전재하는 것은 저작권법에 저촉됩니다.
- 본문 중에서 일부 인용한 모든 프로그램은 각 개발사(개발자)와 공급사에 의해 그 권리를 보호합니다.
- 앤써북은 독자 여러분의 의견에 항상 귀기울이고 있습니다.

[안내]
책에서 설명한 사례 그림 또는 캡처 화면 일부가 모자이크 처리되어 있는데, 이는 각 콘텐츠 개발사와 창작자의 권리를 보호하기 위해서입니다. 책을 보시는데 약간의 불편함이 있더라도 이점 양해바랍니다.

Preface
머리말

최근 불거지는 이슈들로 인해 네이버는 다양한 변화를 선언했다. 그 중 가장 눈길을 끄는 것은 뉴스 편집 중단 선언이다. 네이버 메인에서 더 이상 뉴스 화면이 기본으로 제공되지 않으며, 앞으로는 서른 개가 넘는 주제판 중 사용자가 원하는 판을 골라 구독하게 된다는 것이다. 뉴스판으로 유입되던 독자들은 이제 자기 취향에 맞는 다양한 주제판을 찾아 흩어지고 네이버 메인은 또 한 번의 대대적인 변화를 겪게 될 것이다.

이것은 전혀 새로운 변화가 아니다. 네이버는 이미 오래 전부터 지금과 같은 네이버 메인을 차근차근 준비해왔다. 필자는 그 변화의 중심에서 모든 것을 지켜보며, 세세한 변화와 시행착오들까지 속속들이 파악해왔다. 이번 이슈로 인해 네이버 메인을 구성하는 서른 개 이상의 주제판과 그 각각의 주제판에 소개되는 '메인노출' 콘텐츠의 중요성은 더욱 커질 전망이다.

이 책은 국내 최초 메인노출 전문가이자 포스트 전문가로 이름을 알린 필자가 지난 수년 간 다양한 채널을 운영하며 직접 경험하고 성과를 낸 수많은 사례를 토대로 한다. 모두가 궁금해 했지만 그 동안 외부에는 일절 공개하지 않았던, 네이버 메인노출에 대한 필자만의 체계적인 노하우를 이 책에 아낌없이 소개하고자 한다.

네이버 마케팅을 '상위노출'로만 받아들이고 있는 독자들의 이해를 돕기 위해 '메인노출 마케팅'이라는 표현을 썼지만 필자가 강조하고 싶은 것은 메인노출 그 자체가 아니다. 메인노출은 결과일 뿐이며, 그 과정에 꼭 필요한 것이 바로 독자를 이해하는 콘텐츠다. 메인노출의 핵심은 나 혼자만이 아니라 '독자가 원하는 콘텐츠'를 쓰는 것이다. 이 책은 그러한 콘텐츠를 구체적으로 어떻게 써야 하는지 단계별로 설명하고 있다.

필자는 이 책을 통해 네이버에 유입되는 사용자들을 만족시킬 수 있는 콘텐츠는 어떻게 기획하고 작성해야 하는지를 소개할 것이다. 이러한 것들이 기본이 돼야 메인노출이 가능하고 나아가 메인노출을 통한 마케팅이나 브랜딩 또한 가능해진다. 상위노출을 배우던 것 처럼 '방법'에 집착하지 말고 독자의 입장에서 '콘텐츠' 자체에 집중해야 한다.

메인노출을 통해 본인의 전문성을 강화하고 싶은 1인 미디어, 종잡을 수 없는 검색 순위 때문에 네이버 마케팅을 포기하고 싶은 자영업자, 언론사나 기자의 도움 없이 네이버 메인에 소개되고 싶은 기업 등 다양한 이들이 만족할 수 있도록 썼으니, 이 책을 통해 메인노출의 꿈을 이루고 메인노출의 가치를 직접 체험할 수 있기를 바란다.

바이컴퍼니(필명)

독자 지원 센터

독자 문의

책을 보면서 궁금한 점에 대해 서로 의견을 공유하고 질의응답 내용을 확인할 수 있고, 그래도 궁금한 점이 해결되지 않을 경우 앤써북 카페(http://answerbook.co.kr)의 [독자 문의]-[책 내용 관련 문의] 게시판에 문의한다. [카페 가입하기] 버튼을 클릭하여 회원가입 후 게시판의 [글쓰기] 버튼하고 궁금한 사항을 문의한다. 문의한 글은 해당 저자에게 문자로 연결되어 빠른 시간에 답변을 받아 볼 수 있다.

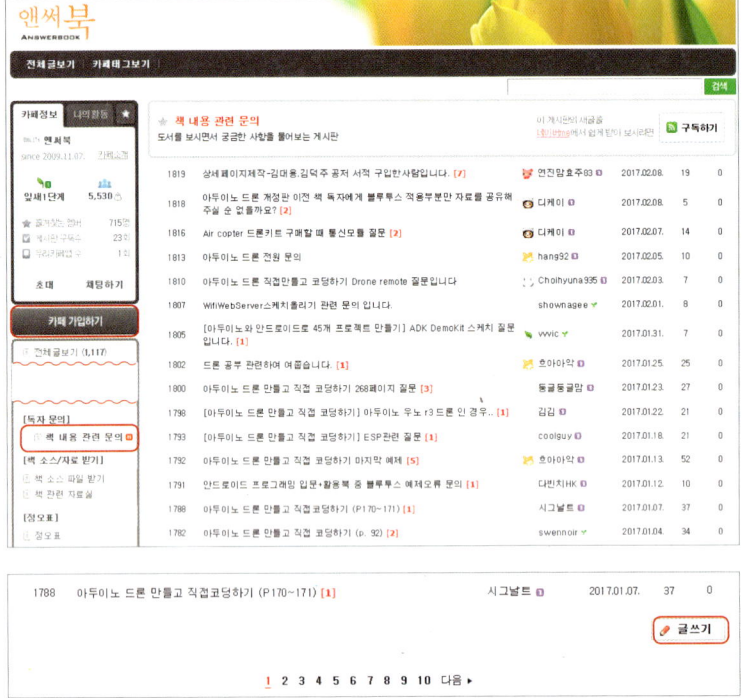

질문글 작성 시 어떤 책과 관련된 질문인지 알 수 있도록 제목에 다음과 같이 "[책명]질문 내용"을 작성해주세요. 여기서는 "[혼자서도 할 수 있는 네이버 메인노출 마케팅]질문 내용"과 같은 형식으로 작성한다.

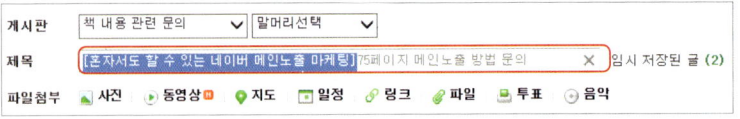

저자 특강
·
스터디
·
교육

앤써북 출판사에서 출간된 책 저자님들의 강의, 특강 및 관련 교육을 안내하는 공간이다. 혼자 공부하기가 막막하다면 저자 직강이나 특강 및 관련 교육 또는 스터디에 참여하여 함께 공부하는 사람들을 만나 궁금한 점에 대해서 서로 의견을 공유해 보자. 책과 관련된 어떤 강의가 진행되고 있는지 앤써북 카페(http://answerbook.co.kr)의 [추천 교육/스터디]-[저자 특강/스터디/교육] 게시판을 방문해 보자.

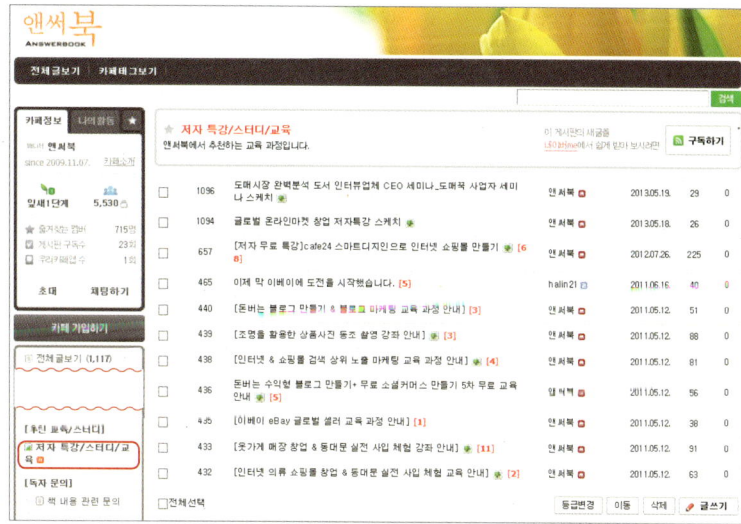

앤써북 카페 메인화면 좌측 하단의 [추천 교육/스터디]의 '더보기'를 클릭하면 앤써북 저자들의 특강 및 강의와 앤써북 추천 교육 과정들을 확인할 수 있다.

앤써북
체험단

앤써북 체험단을 통해서 체험 리뷰에 도전해보자!

앤써북에서 운영하는 체험단에 참여해서 리뷰를 작성하다 보면 글 쓰는 요령, 다양한 혜택을 더할 수도 있다. 앤써북 카페(http://answerbook.co.kr)의 [체험단]–[도서/제품/서비스 체험단] 게시판은 앤써북에서 발행한 도서와 도서 연관 상품 중 독자들에게 유용한 제품 또는 서비스를 체험해 볼 수 있다.

- 앤써북에서 발행한 도서 : 앤써북에서 발행한 도서를 체험하고 리뷰를 작성해볼 수 있다.
- 도서와 연관된 제품, 서비스 : 앤써북에서 발행한 도서를 보는데 필요한 각종 교구, 서비스, 제품 등을 체험해 볼 수 있다.

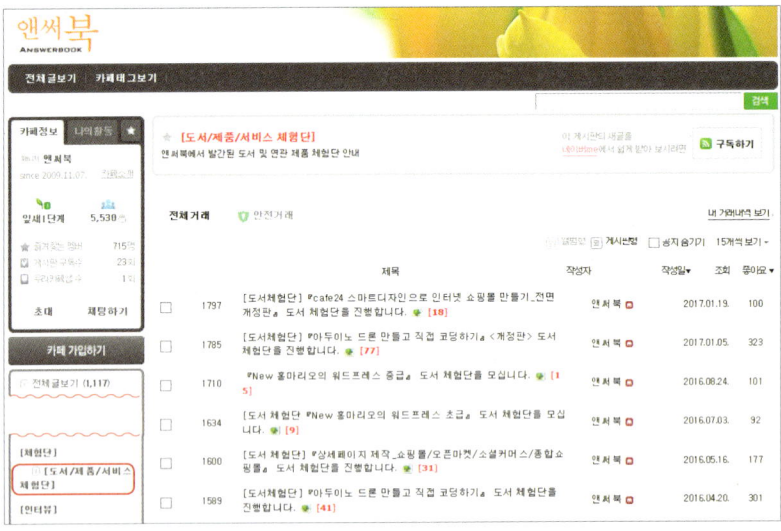

앤써북 카페 메인화면 좌측 하단의 [도서 / 제품 체험단]의 '더보기'를 클릭하면 진행중인 앤써북 도서/제품 체험단 내용을 확인할 수 있다.

Contents
목 차

Chapter 01 네이버 메인 노출 마케팅 이해하기

Lesson 01 네이버 메인이 당신을 기다린다 • 18
    1 _ 그래도 역시 네이버 • 19
    2 _ 네이버 메인이란? • 21
    3 _ 메인노출, 이제 당신 차례다 • 23

Lesson 02 네이버 메인 변천사 • 26
    1 _ 과거의 네이버 메인 • 27
    2 _ 현재의 네이버 메인 • 29
    3 _ 네이버 메인의 최근 동향 • 33

Lesson 03 네이버 메인 살펴보기 • 36
    1 _ 어떻게 구성되어 있을까? • 37
        1-1 모바일 메인 살펴보기 • 37
        1-2 PC 메인 살펴보기 • 40
    2 _ 어떻게 운영되고 있을까? • 42
        2-1 외부 에디터의 콘텐츠만 노출하는 주제판 • 43
        2-2 관련 기관의 콘텐츠만 노출하는 주제판 • 44
        2-3 내부 에디터의 콘텐츠도 함께 노출하는 주제판 • 44
    3 _ 어떤 콘텐츠가 노출될까? • 45
        3-1 뉴스 • 45
        3-2 지식인과 카페 • 46
        3-3 네이버 TV • 47
        3-4 폴라 • 47
        3-5 블로그 • 48
        3-6 포스트 • 49

Contents
목 차

Lesson 04 네이버 메인노출, 왜 필요할까? • 50
    1 _ 상위노출과 다른 활용법 • 51
    2 _ 메인노출이 필요한 5가지 이유 • 53
    3 _ 메인노출 진행 8단계 • 57

Chapter 02 네이버 메인 분석하기

Lesson 01 목표 주제판 설정하기 • 62
    1 _ 후보 주제판 선정하기 • 63
        1-1 참고 • 63
        1-2 진행 • 63
        1-3 분석 • 67
    2 _ 성장 가능성 점검하기 • 67
        2-1 참고 • 67
        2-2 진행 • 68
        2-3 분석 • 69
    3 _ 메인노출 가능성 점검하기 • 70
        3-1 참고 • 70
        3-2 진행 • 70
        3-3 분석 • 73

Lesson 02 주제판 상세 분석하기 • 74
    1 _ 공식 정보 확인하기 • 75
        1-1 참고 • 75

Contents
목 차

      1-2 진행 • 75

      1-3 분석 • 77

  2 _ 인기 콘텐츠 분석하기 • 77

      2-1 참고 • 78

      2-2 진행 • 78

      2-3 분석 • 80

  3 _ 작성 가능 콘텐츠 파악하기 • 80

      3-1 참고 • 81

      3-2 진행 • 81

      3-3 분석 • 83

Lesson 03 벤치마킹 진행하기 • 84

  1 _ 인기 에디터 벤치마킹하기 • 85

      1-1 참고 • 85

      1-2 진행 • 85

      1-3 분석 • 87

  2 _ 채널 활용성 점검하기 • 88

      2-1 참고 • 88

      2-2 진행 • 88

      2-3 분석 • 90

  3 _ 차별화된 컨셉 결정하기 • 90

      3-1 참고 • 90

      3-2 진행 • 91

      3-3 분석 • 93

Lesson 04 활용 서비스 및 운영 방식 정하기 • 94

  1 _ 활용 서비스 결정하기 • 95

      1-1 참고 • 95

Contents
목 차

      1-2 진행 • 95

      1-3 분석 • 97

  2 _ 운영 방식 결정하기 • 97

      2-1 참고 • 97

      2-2 진행 • 98

      2-3 분석 • 99

  3 _ 분석 보고서 작성하기 • 100

Chapter 03 메인노출 콘텐츠 작성하기

Lesson 01 메인노출 콘텐츠의 특징 • 104

  1 _ 믿을 수 있는 콘텐츠 • 105

  2 _ 잘 기획된 콘텐츠 • 107

  3 _ 대중적인 콘텐츠 • 111

Lesson 02 확률을 높이는 콘텐츠 기획법 • 114

  1 _ 일석이조 콘텐츠 • 115

      1-1 비즈니스판과 잡앤판에 모두 노출된 콘텐츠 • 115

      1-2 푸드판과 디자인판에 모두 노출된 콘텐츠 • 115

  2 _ 리뉴얼 콘텐츠 • 117

      2-1 네이버 메인에 자주 소개되는 키워드를 다룬 콘텐츠 • 117

Contents
목 차

      3 _ 오리지널 콘텐츠 • 118
          3-1 자신만의 특별한 경험으로 제작하는 콘텐츠 • 119
          3-2 기존에 시도되지 않았던 새로운 주제와 포맷의 콘텐츠 • 120
          3-3 시간과 노력이 많이 들어 남들이 쉽게 만들지 못하는 콘텐츠 • 120

Lesson 03 독자를 배려한 콘텐츠 구성법 • 122
      1 _ 모바일을 고려한 내용 구성 • 123
      2 _ 오해의 소지가 없는 코멘트 • 125
      3 _ 규칙적인 이미지 위치 • 126

Lesson 04 메인노출 콘텐츠 작성법 • 128
      1 _ 작성 전 체크 포인트 • 129
          1-1 기획하기 • 129
          1-2 제목 정하기 • 130
          1-3 관련 이미지 찾아보기 • 130
      2 _ 작성 중 체크포인트 • 131
          2-1 콘텐츠 방식 정하기 • 131
          2-2 구조 짜기 • 132
          2-3 이미지 배치하기 • 132
      3 _ 작성 후 체크 포인트 • 133
          3-1 내용 검수하기 • 133
          3-2 예약발행하기 • 134
          3-3 최종 점검하기 • 135

Contents
목 차

Chapter 04 메인노출 진행하기

Lesson 01 편집자 이해하기 • 138

    1 _ 그들은 어떻게 일할까? • 139

    2 _ 그들은 무엇을 원할까? • 142

    3 _ 확률을 높이는 실전 꿀팁 • 144

        3-1 그들이 싫어하는 것은 하지 않는다 • 144

        3-2 필요하지만 예상하지 못했던 콘텐츠를 제시한다 • 145

        3-3 그들을 곤란하게 만들지 않는다 • 146

Lesson 02 장기적인 운영방식 • 148

    1 _ 월 단위로 계획 세워 운영하기 • 149

    2 _ 양보다 질에 집중하기 • 152

    3 _ 멈추지 말고 꾸준하게 운영하기 • 154

Lesson 03 포스트 제대로 활용하기 • 156

    1 _ 포스트 제대로 알기 • 157

    2 _ 실패하는 포스트 운영방법 • 159

        2-1 본인의 시시콜콜한 일상을 적는 형태 • 159

        2-2 블로그에서 작성한 글을 그대로 복사해오는 형태 • 159

        2-3 일상적인 체험 후기를 작성하는 형태 • 160

        2-4 상품이나 서비스를 직접적으로 홍보하는 형태 • 160

        2-5 맞팔과 소통에 집락하는 형태 • 160

    3 _ 포스트 초기 운영 전략 • 161

        3-1 핵심 분야를 정한다 • 161

        3-2 똑똑하게 베낀다 • 161

Contents
목 차

    3-3 뻔한 콘텐츠는 피한다 • 161

    3-4 텍스트와 이미지를 적절하게 배치한다 • 162

    3-5 제목과 대표이미지에 신경 쓴다 • 162

    3-6 최신 기능을 적극 수용한다 • 162

    3-7 전문성을 쌓자 • 163

    3-8 다양한 콘텐츠를 갖추자 • 163

Lesson 04 메인노출 이벤트 총 정리 • 164

  1 _ 고정 이벤트 • 165

    1-1 리빙판 • 165

    1-2 푸드판 • 168

    1-3 게임판 • 171

  2 _ 지원 이벤트 • 173

    2-1 공엉선시판 • 173

    2-2 동물공감판 • 176

    2-3 자동차판 • 177

    2-4 패션뷰티판 • 180

    2-5 기타 노출 신청이 가능 주제판 • 182

  3 _ 시즌 이벤트 • 184

    3-1 스타에디터 • 184

    3-2 블로그 포스트 데이 • 186

Contents
목 차

Chapter 05 메인노출 관리하기

Lesson 01 메인노출 확인 방법 • 190

    1 _ 업데이트 시간 파악하기 • 191

        1-1 주제판 업데이트 시간 확인 • 191

        1-2 뉴스판 시간표 확인 • 195

    2 _ 앱 푸시 알림 활용하기 • 198

    3 _ 놓친 메인노출 확인하기 • 199

        3-1 실시간 메인노출 확인하기 • 200

        3-2 놓친 메인노출 확인하기 • 202

Lesson 02 메인노출 시 대응법 • 208

    1 _ 메인노출 시 주의사항 • 209

    2 _ 대응 기준 정하기 • 211

    3 _ 댓글 관리하기 • 212

        3-1 콘텐츠에 공감하는 댓글 • 212

        3-2 콘텐츠의 오류나 문제점을 지적하는 댓글 • 213

        3-3 콘텐츠에서 제시한 내용으로 서로 논쟁을 벌이는 댓글 • 213

        3-4 광고 및 소통을 요청하는 댓글 • 214

        3-5 무반응 • 215

Lesson 03 메인노출 후 분석법 • 216

    1 _ 노출 정확도 확인하기 • 217

        1-1 노출 영역 • 217

        1-2 노출 콘텐츠 • 218

        1-3 노출 시간 • 218

Contents
목 차

  2 _ 변경사항 확인하기 • 220
    2-1 변동이 있을 경우 • 221
    2-2 변동이 없을 경우 • 221
  3 _ 독자 반응 확인하기 • 22
    3-1 콘텐츠 점검 • 223
    2-2 주제판 점검 • 223
    3-3 초기 댓글 • 223
    3-4 이슈 • 223

Lesson 04 실제 사례로 보는 메인노출 • 224

  1 _ 실제 사례 살펴보기 • 225
    1-1 메인노출이 예고된 콘텐츠에 홍보 링크를 추가한 A 채널 • 225
    1-2 메인노출된 콘텐츠를 삭제한 B 채널 • 225
    1-3 부정확한 콘텐츠로 역풍을 맞은 C 채널 • 225
    1-4 매출이 늘지 않는다며 운영을 중단한 D 채널 • 226
    1-5 방향을 잘못 잡아 딜레마에 빠진 E 채널 • 226
    1-6 변화에 민감하게 대응하지 못한 F 채널 • 226
  2 _ 성공 사례 살펴보기 • 227
    2-1 카카오톡 채널에도 노출되는 G 채널 • 227
    2-2 거의 모둔 주제판에 노출되는 H 채널 • 227
    2-3 메인노출은 물론 상위노출도 잡은 I 채널 • 228
    2-4 최적의 접근으로 최대의 효과를 누리는 J 채널 • 228
  3 _ 세가지 핵심 포인트 • 228
    3-1 채널 기획 능력 • 228
    3-2 콘텐츠 기획 능력 • 229
    3-3 채널 운영 능력 • 230

Epilogue • 231

| Chapter | 01

네이버 메인노출
마케팅 이해하기

Lesson 01 네이버 메인이 당신을 기다린다
Lesson 02 네이버 메인 변천사
Lesson 03 네이버 메인 살펴보기
Lesson 04 네이버 메인노출, 왜 필요할까?

LESSON

네이버 메인이 당신을 기다린다

네이버와 마케팅은 떼려야 뗄 수 없는 관계다. 인스타그램, 유튜브 등 새로운 서비스들이 마케팅 채널로 주목받고 있지만 국내에서는 여전히 네이버를 빼놓고 마케팅을 이야기할 수 없다. 네이버 마케팅에서 새롭게 주목받고 있는 메인노출 마케팅이란 무엇인지 살펴보도록 하자.

1 _ 그래도 역시 네이버

지금까지 수많은 고객들을 만나면서 가장 많이 들었던 말은 '네이버 마케팅은 끝났다'는 것이었다. 잦은 검색 로직 변경으로 굵직한 마케팅 회사들조차 문을 닫을 만큼 어려운 상황이라며, 인스타그램과 페이스북을 통해 마케팅하는 것이 더 효과적이라고 입을 모아 말했다. 전문 업체나 개인 블로거를 통해 바이럴 마케팅을 진행하는 것보다 네이버 키워드 광고를 이용하는 것이 더 낫다고 하니 네이버가 사상 최대의 광고 매출을 기록할 수 있었던 것은 어쩌면 당연한 결과가 아닐까 싶다.

▲ 사상 최대의 광고 매출을 기록한 네이버

이런 상황에서 수많은 기업들이 필자를 찾는 이유는 딱 하나다. 필자가 제시하는 '메인노출 마케팅'이 기존 네이버 마케팅의 새로운 대안으로 떠올랐기 때문이다. 에디터 활동을 하던 필자는 네이버 메인의 대대적인 개편과 포스트의 성장을 지켜보면서 지금과 같은 때가 올 것이라고 확신했다. 상위노출에만 집중하는 이들을 극단적으로 압박하는 한편, 양질의 콘텐츠를 생산하는 이들을 적극적으로 지원할 것이라고 말이다.

필자는 이러한 확신을 바탕으로 장기간에 걸쳐 분석과 테스트를 진행했고 그 결과물을 두 권의 전자책에 담아 출간했다. 국내 최초의 네이버 메인노출 및 포스트 공략서였던 전자책을 통해 필자는 수백 명의 고객들을 메인노출의 세계로 인도하고 인기 에디터로 성장할 수 있도록 도와주었으며, 개인과 기업 등 다양한 고객들을 만나면서 풍부한 사례를 경험할 수 있었다. 지금 여러분이 읽고 있는 이 책은 이 모든 경험을 집대성한 결과물이라고 할 수 있다.

이 시기에 메인노출에 뛰어들었던 에디터들은 이제 수십만 팔로워를 거느리고 있으며, 필자의 고객들 중 적지 않은 이들 역시 이 시기에 채널 운영을 시작해 상당한 성과를 거두었다. 당시 열 개 남짓하던 네이버 주제판은 서른 개가 넘는 주제판으로 확장되었고, 네이버 메인화면은 이제 없어서는 안 될 네이버의 핵심 서비스로 자리잡았다.

고객들은 네이버 마케팅이 끝났다고 하면서도 한 편으로는 '그래도 역시 네이버'라서 포기할 수 없다고 말한다. 반복되는 대란으로 네이버 마케팅이 아무리 어려워져도, 여전히 국내 최대의 포털 사이트이기 때문에 마케팅을 진행하지 않을 수 없다는 것이다. 그야말로 애증의 관계인 셈이다. 물론 페이스북이나 인스타그램에서 더 효과적인 마케팅도 있고 동영상 콘텐츠는 유튜브의 점유율이 높지만, 그래도 네이버에서 진행해야하는 부분이 있기 때문에 도저히 포기할 수 없다는 것이 그들의 한결같은 결론이었다. 필자 역시 같은 생각이다. 네이버 마케팅이 아무리 힘을 잃었다 하더라도 2순위, 3순위로 밀려날 뿐, 여전히 네이버는 국내 마케팅에서는 빼놓을 수 없는 대상이다.

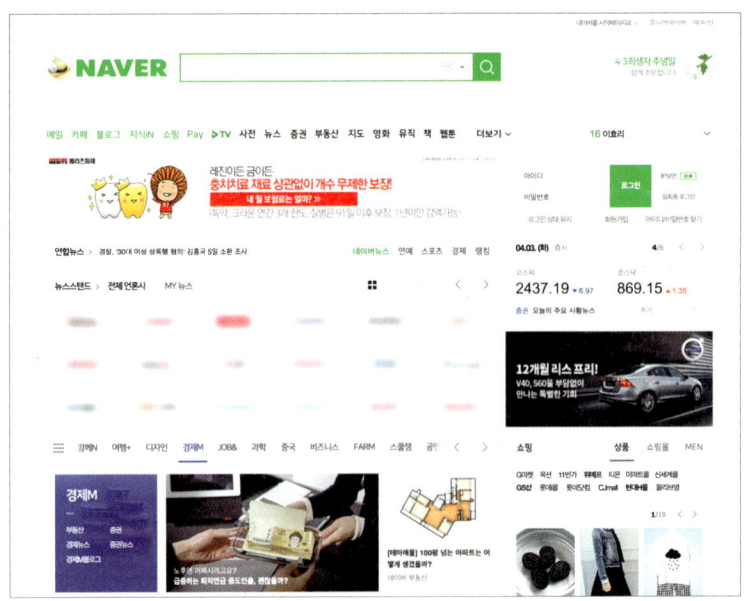

▲ 그래도 포기할 수 없는 네이버

어쩌면 검색 로직이 또 다시 변경되면서 상위노출 마케팅이 다시금 힘을 얻는 때가 올지도 모른다. 그러나 그런 상황이 온다고 하더라도 필자가 제시하는 메인노출 마케팅은 여전히 의미가 있을 것이다. 대안으로 인식되고 있긴 하지만, 애초에 상위노출과는 전혀 다른 성격의 마케팅이기 때문이다. 그러니 현재 어떤 상황에 처해있든지 필자가 제시하는 메인노출 마케팅에 반드시 주목해야 할 것이다.

2 _ 네이버 메인이란?

다음 장에서 자세히 살펴보겠지만 네이버 메인은 전혀 새로운 영역이 아니다. 과거부터 쭉 존재해 왔으나 통폐합 되면서 명칭이 달라졌을 뿐이다. 2017년 초에 마무리된 대대적인 개편 이후 네이버 메인은 한층 업그레이드되었고 보다 직관적으로 변화했다. 검색을 통해 콘텐츠를 제공하는 방식을 넘어, 검색 없이도 사용자에게 맞춤형 콘텐츠를 제공할 수 있는 기틀을 마련한 것이다.

메인노출 마케팅에 대해 본격적으로 살펴보기에 앞서 용어부터 정리하고 넘어가도록 하자. '네이버 메인'이란 글자 그대로 네이버의 첫 화면을 말한다. 과거에는 '네이버 홈'이라는 표현을 주로 사용했으나 최근에는 네이버 메인이라는 명칭을 적극적으로 사용하고 있다.

▲ 네이버 메인을 소개하는 설명글

네이버 메인을 구성하는 각각의 탭은 '주제판' 또는 '판'이라 부른다. 2018년 4월 기준으로 모바일 메인은 36개, PC 메인은 29개의 주제판을 제공하며 앞으로 더 늘어날 것이다. 모바일 메인의 경우 스마트폰에 특화된 기능들이 각각의 주제판으로 구성되어 있기 때문에 PC보다 더 많은 주제판이 존재한다.

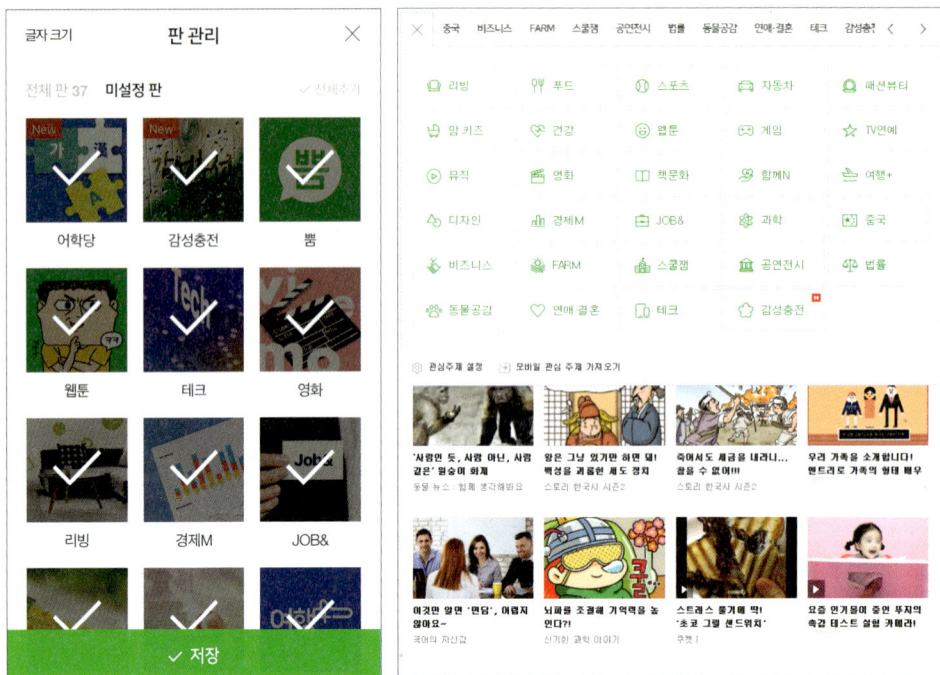

▲ 30개가 넘는 주제판을 제공하는 모바일 메인　　▲ 29개의 주제판을 제공하는 PC 메인

'메인노출'이란 네이버 메인의 특정 주제판에 블로그나 포스트로 작성한 콘텐츠가 소개되는 것을 말한다. 블로그나 포스트 외에도 네이버TV나 폴라 등 네이버 서비스에 등록한 콘텐츠들이 네이버 메인에 노출될 수 있다. 네이버 첫 화면에 바로 노출되는 것이기 때문에 유입량이 폭발적으로 증가하며, 특히 인지도를 높이는 데 큰 도움이 된다.

이 책에서는 독자들의 이해를 돕기 위해 블로그나 포스트와 같은 네이버 서비스를 '채널'로, 이 채널에 등록한 글이나 사진을 '콘텐츠'로, 네이버 메인을 통해 이 콘텐츠를 접하는 이들을 '독자'로 부를 것이다.

이제부터 필자와 함께 '네이버 메인'은 어떻게 구성되어 있으며, '메인노출'을 위해 '채널'은 어떻게 운영하고, '콘텐츠'는 어떻게 작성해야 하는지 살펴보도록 하자.

3 _ 메인노출, 이제 당신 차례다

네이버는 모바일 및 PC 메인 개편에 앞서 '포스트'라는 새로운 서비스를 통해 양질의 콘텐츠 확보에 총력을 기울였다. 이때 적극적으로 활동했던 에디터들에게 제공된 가장 큰 혜택은 바로 바로 꾸준한 메인노출이었다. 그들은 지금도 다양한 주제판에서 자주 만나볼 수 있으며 수만에서 수십만 팔로워가 따르는 채널을 운영하고 있다.

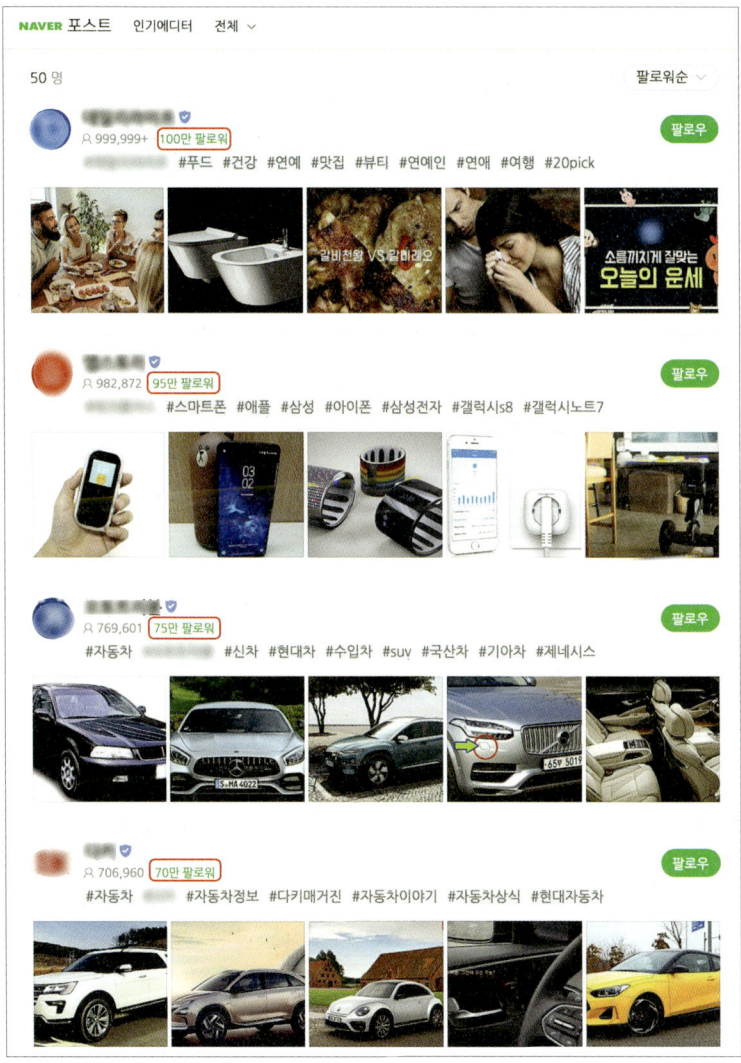

▲ 팔로워가 수십만에 달하는 에디터들

2016년만 하더라도 네이버 메인과 주제판은 활성화되지 않은 상태였다. 그러나 네이버의 적극적인 운영으로 1년 여 만에 열 개 남짓하던 주제판은 세 배 이상 늘었고 이용자의 유입 역시 크게 증가했다. 네이버는 메인의 활성화를 목적으로 전문적인 콘텐츠를 생산하는 에디터를 적극적으로 밀어주면서 콘텐츠 확보에 집중했지만, 이제는 판이 충분히 커지고 콘텐츠 확보도 한층 용이해져 보다 많은 에디터들에게 메인노출의 기회를 제공하고 있다. 소수에게만 집중되었던 메인노출 기회를 이제는 모두가 누릴 수 있게 된 것이다. 과거에 비해 메인노출하기 더 없이 좋은 환경이 갖춰진 셈이다.

이미 백만 팔로워가 넘는 에디터도 있는데 지금 시작해봐야 무슨 소용이 있느냐고 반문할지도 모르겠다. 그러나 그들 역시 불과 1~2년 만에 이 같은 성장을 거뒀다는 사실을 알아야 한다. 물론 일찍이 파도에 올라탄 그들과 같은 폭발적인 성장을 기대하기는 어렵겠지만, 네이버의 지원 정책이 앞으로 어떻게 달라지느냐에 따라 판도는 얼마든지 바뀔 수 있다. 네이버 메인은 앞으로도 지금과 같은 형태를 유지하면서 확장해 나갈 것이므로, 기회가 끝난 것처럼 보이는 지금이 오히려 몇 년 뒤를 위한 초석을 쌓을 수 있는 또 다른 기회일지도 모른다.

▲ 꾸준히 제공되고 있는 기회

최근에는 동영상 검색을 앞세운 유튜브의 강세로 네이버 마케팅이 약화되지 않겠느냐는 우려가 나오고 있다. 이러한 우려 속에서, 장기적으로 운영할 때 빛을 발하는 메인노출 마케팅은 '지금에서야' 시작하기에는 불안한 방법일지 모른다. 필자 역시 다른 전문가들과 마찬가지로 동영상 콘텐츠가 대세가 될 것이라는 데는 이견이 없다.

그러나 모든 콘텐츠가 다 동영상이라는 포맷에 적합한 것은 아니다. 콘텐츠에 따라 동영상으로 제작하는 것보다 글과 그림으로 제작하는 것이 더 효과적인 경우도 있기 때문이다. 앞으로 동영상 콘텐츠가 대세가 된다고 해도 텍스트 기반의 콘텐츠를 완전히 대체할 수는 없다. 블로그나 포스트로 대표되는 텍스트 기반 콘텐츠는 앞으로도 꾸준히 소비될 것이며, 여기에 최적화된 공간이 바로 네이버 메인이다. 만약 상황이 지금보다 더 나빠진다고 하더라도 국내 마케팅에서 네이버를 완전히 제외할 수 없을 것이다. 따라서 그들이 공을 들이고 있는 네이버 메인에 '지금이라도' 관심을 가져야만 한다.

LESSON 02

네이버 메인 변천사

네이버 메인의 변천사를 아는 것은 중요하다. 네이버가 어떤 의도로 메인을 개편해왔는지를 알면 앞으로 어떤 변화가 있더라도 맥락을 따라 올바로 대응할 수 있기 때문이다. 과거부터 현재까지 네이버 메인은 어떻게 달라졌으며 최근 동향은 어떤지 살펴보도록 하자.

1 _ 과거의 네이버 메인

2010년. 네이버 메인이 새롭게 개편 된다. 국내 최대 포털 사이트라는 타이틀에 걸맞게 다양한 콘텐츠를 전면에 배치하기 시작한 것이다. 이용자들에게 보다 더 다양한 콘텐츠를 제공하고자 했던 당시의 네이버 메인은 지금과 어떻게 다른지 살펴보도록 하자.

▲ 2010년 당시 네이버 메인

당시 네이버 메인은 각각의 영역을 캐스트라는 이름으로 구분했다. 지금과 같은 주제판 구조의 근간이 되는 캐스트는 테마캐스트, 네이버캐스트, 오픈캐스트다. 먼저 테마캐스트는 이용자들로부터 가장 많은 관심을 받은 5가지 테마의 콘텐츠를 제공했다. 여기에 속하는 스포츠, 경제, 뮤직, 영화, 웹툰/게임은 지금도 각각의 주제판으로 운영되고 있다.

▲ 테마캐스트 소개페이지

그 외의 전문 콘텐츠들은 네이버캐스트라는 이름으로 제공되었다. 언론이나 매거진이 제공하는 다양한 콘텐츠들이 네이버캐스트를 통해 유통되었으며 현재는 다양한 주제판에 녹아들어 있다.

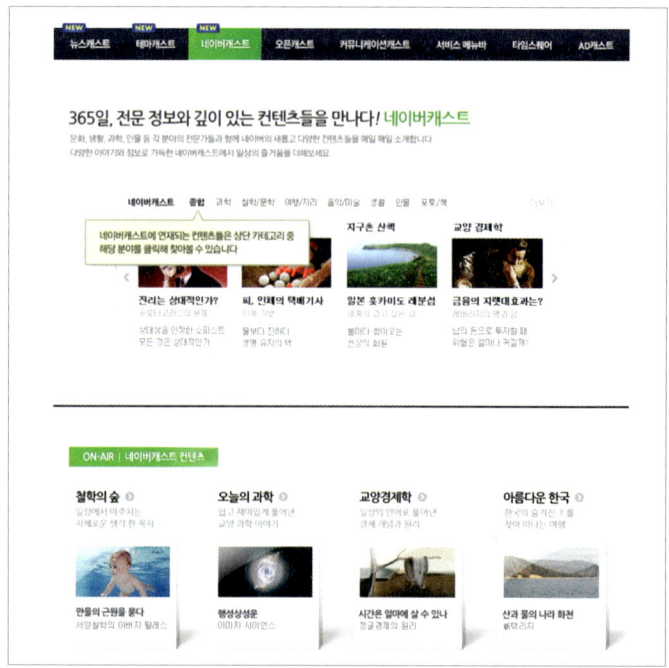

▲ 네이버캐스트 소개페이지

오픈 캐스트는 주로 개인 에디터들의 콘텐츠를 소개하는 영역이었다. 현재의 마이피드 서비스처럼 원하는 에디터를 구독할 수 있는 기능도 제공됐다.

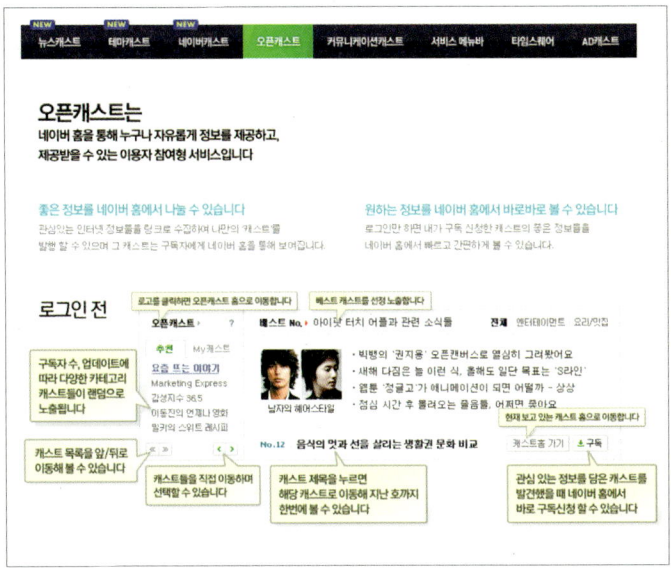

▲ 오픈캐스트 소개페이지

현재는 이 캐스트가 네이버 메인의 주제판으로 변경되면서 언론, 기업, 개인이 구분 없이 누구든 능동한 입장에서 콘텐츠를 작성하고 노출할 수 있는 기틀이 마련됐다. 노출 영역이 좁고 진입장벽도 높았던 과거와 달리, 누구든 좋은 콘텐츠만 있으면 메인에 노출할 수 있는 시대가 열린 것이다. 이 밖에도 다양한 행사와 지원 정책을 통해 이용자들의 메인노출을 적극 독려하고 있으니, 콘텐츠에 대한 네이버의 열정을 미루어 짐작할 수 있다.

2 _ 현재의 네이버 메인

지금과 같은 네이버 메인은 2015년부터 조금씩 형태를 갖추기 시작했다. 모바일 메인이 먼저 개편된 후 다양한 주제판이 추가되었고, 이후 PC 메인에도 동일하게 적용됐다. 많은 부분들이 달라졌지만 주제판과 관련된 주요 이슈들을 살펴보도록 하자.

01 2015년 6월. 네이버앱이 6.0으로 업데이트된다. 여기서 주목할 만한 부분은 홈 메뉴를 마음대로 편집할 수 있는 기능이 도입되었다는 점이다. 개발자 인터뷰에서도 '이용자의 사용 패턴에 맞는 나만

의 네이버앱을 쓸 수 있도록 실험을 하고 있다'고 밝혔는데, 지금처럼 다양한 주제판이 등장하게 되는 기반이 마련된 것이라 할 수 있다.

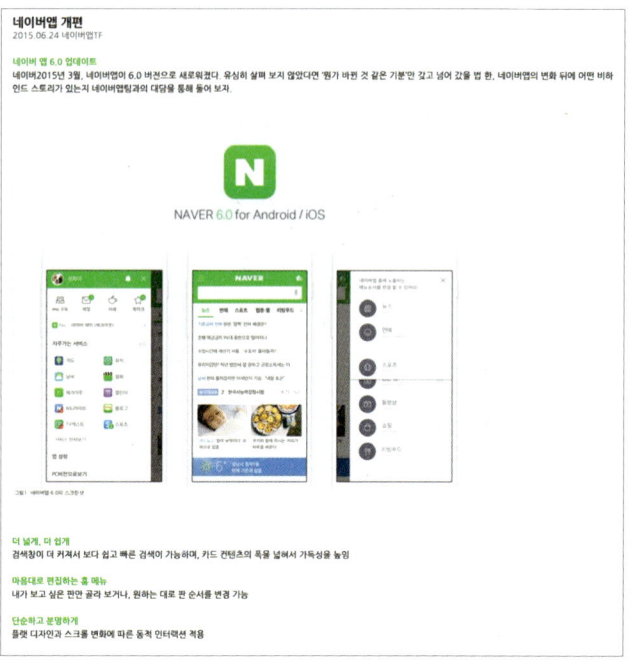

02 2015년 7월. 차/게임판이 게임/앱판과 차/테크판으로 분리된다. 다양한 콘텐츠가 확보되면서 독자들의 취향에 맞춘 주제판을 확장해나가기 시작한 것이다. 이후 경제M판, 뮤직판 등 다양한 주제판이 속속 등장하기 시작했다.

03 2016년 3월. 잡앤판이 추가된다. 잡앤판은 네이버와 조선일보의 합작회사인 잡스앤이 운영하는 최초의 외부 편집 주제판이다. 이후 매일경제와 네이버의 합작회사가 운영하는 여행플러스판이 추가되면서, 본격적으로 합작회사가 운영하는 주제판들이 늘어나기 시작했다.

04 2016년 4월. 네이버는 네이버앱의 '새 주제 추가하기' 기능을 통해 앞으로 더 많은 주제판이 추가될 예정임을 밝힌다. 이후 과학판, 디자인판, 스쿨잼판 등이 속속 추가된다.

05 2017년 3월. PC 메인이 대대적으로 개편된다. 주목할 만한 변화는 다양한 콘텐츠의 추가다. 이전까지는 모바일과 PC의 메인이 서로 달랐는데, 개편 이후 PC에서도 모바일 메인과 동일한 형태의 주제판 설정이 가능해졌다.

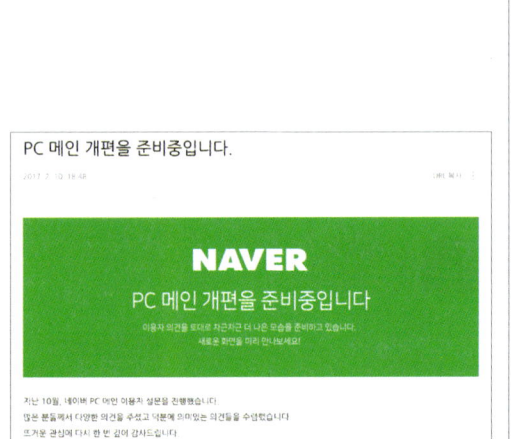
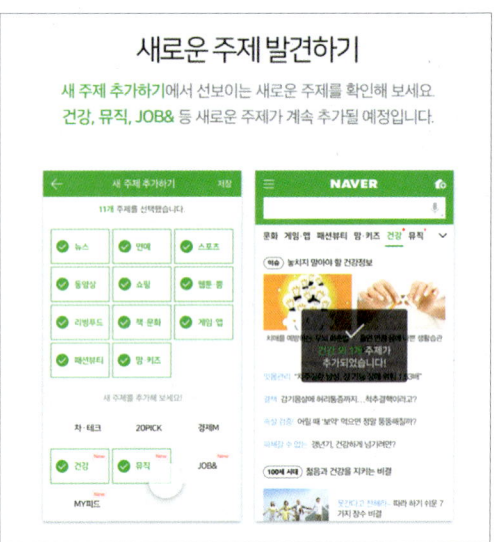

06 2018년 5월, 어학당판이 추가되면서 PC 메인은 29개, 모바일 메인은 37개의 주제판으로 늘어난다. 앞으로도 더욱 더 다양한 주제판이 추가될 것으로 보인다.

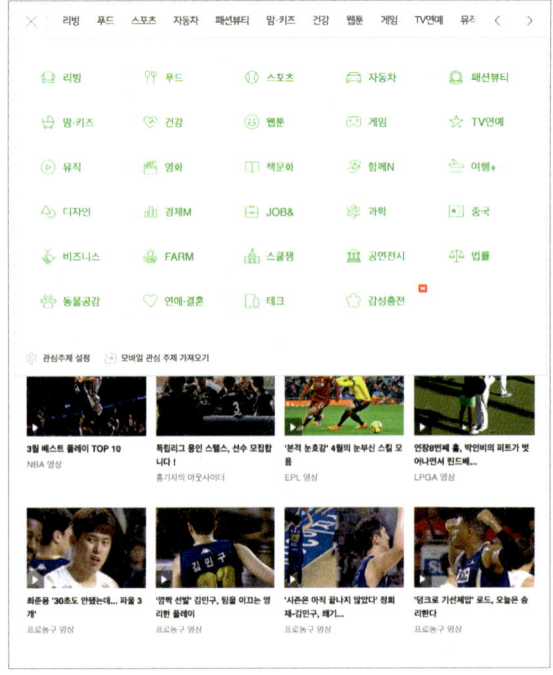

3 _ 네이버 메인의 최근 동향

숨 가쁘게 달려온 네이버 메인은 이제 잠시 숨을 고르고 있다. 이용자들에게 달라진 네이버 메인의 가치를 확실하게 각인시켰으며, 외부와의 협업을 통해 새롭게 추가한 주제판들도 안정적으로 운영하고 있다. 콘텐츠 역시 과거에 비해 한층 확보하기 쉬워졌기 때문에 폭발적이지는 않더라도 꾸준한 성장세를 이어갈 것으로 보인다.

새롭게 채널 운영을 시작해야 하는 신규 에디터로서는 다소 아쉬울 수 있다. 과거와 달리 폭발적으로 성장할 수 있는 기회가 줄었기 때문이다. 그 이유는 크게 3가지로 정리해볼 수 있다.

첫째, 주제판이 늘어나면서 독자들이 분산되기 시작했다.

과거에는 어떤 주제판에 노출되더라도 최소 1만 이상, 많게는 수십만 조회수를 기록할 수 있었지만 현재는 평균 조회수가 그보다 낮아졌다. 주제판에 따라 차이가 있기는 하나 과거에 비해 전체적으로 아쉬운 모양새다.

▲ 꾸준히 추가되고 있는 신규 주제판

둘째, 메인노출을 독점할 수 없게 됐다.

포스트 서비스 초기에는 양질의 콘텐츠를 작성하는 에디터가 상당히 적었다. 콘텐츠 수가 전체적으로 부족하다보니 소수의 에디터가 특정 주제판에 자주 노출될 수밖에 없는 구조였다. 그러나 네이버 메인이 활성화되고 다양한 변화를 겪으면서 새로운 에디터들이 대거 등장했고, 메인노출의 기회는 자연스럽게 모든 이들에게 분산됐다.

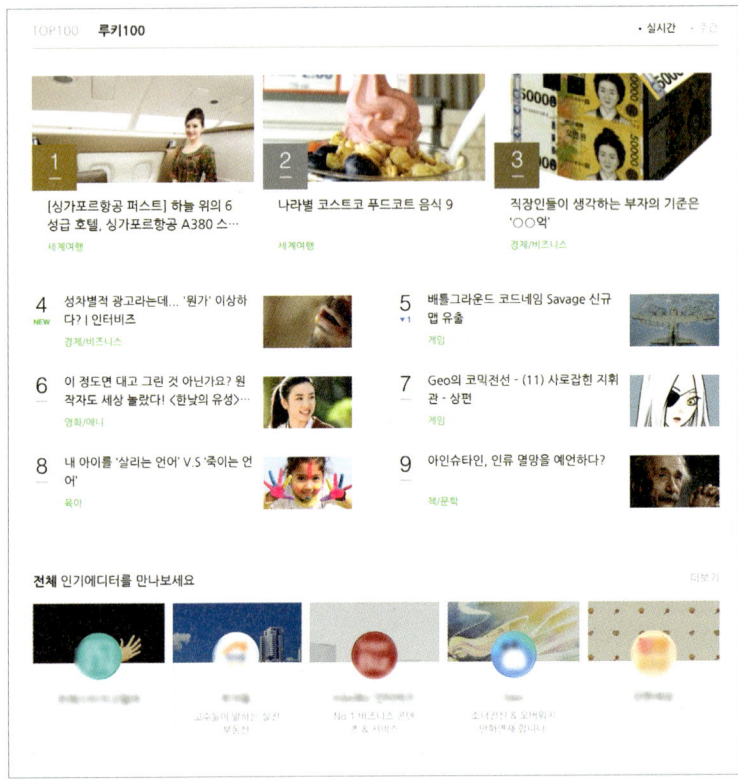
▲ 꾸준히 증가하는 신규 에디터

셋째, 팔로우 링크 지원이 중단됐다.

초기의 메인노출 콘텐츠는 주로 포스트를 통해 발행되었다. 네이버가 포스트 사용을 독려했기 때문인데, 에디터들의 사기를 진작시키고 독자들이 원하는 에디터의 글을 더 쉽게 구독할 수 있는 환경을 만들기 위해 팔로우 링크 기능이 도입 되었으나 일부 에디터들이 이를 악용해 팔로우를 늘리면서 결국은 중단됐다.

▲ 중단된 팔로우 링크

주제판이 늘어나면서 분산된 조회수, 소수가 아닌 다수가 누리는 메인노출의 기회, 팔로우 링크 중단. 이 세 가지가 요소가 맞물리면서 전처럼 단기간에 수십만 팔로워를 확보하는 폭발적인 채널 활성화는 기대하기 어렵게 됐다. 그렇다고해서 실망할 필요는 없다. 네이버 메인은 앞으로 꾸준히 확장될 것이며 과거와는 다른 새로운 기회가 제공될 것이기 때문이다.

LESSON 03

네이버 메인 살펴보기

이번 레슨에서는 네이버 메인이 현재 어떻게 구성되어 있으며 어떤 방식으로 운영 되고 있는지 살펴보겠다. 각 주제판마다 어떤 채널로 작성한 콘텐츠가 주로 노출되는지도 함께 소개하고 있으니 참고하도록 하자.

1 _ 어떻게 구성되어 있을까?

네이버 메인은 매일, 매시간 새로운 콘텐츠가 업데이트 된다. 주제판에 따라 구체적인 시간과 주기는 다르지만 매일 새로운 콘텐츠로 갱신되는 것이 일반적이다. PC 메인과 모바일 메인은 같은 콘텐츠를 배열하지만 구성이 조금씩 다르다. PC 메인의 주제판 영역이 더 좁기 때문에 모바일 메인에 노출된 콘텐츠 중 일부만이 PC 메인에 노출된다.

▲ 40여 개의 콘텐츠가 노출된 모바일 메인

▲ 13개의 콘텐츠가 노출된 PC 메인

1-1. 모바일 메인 살펴보기

네이버 모바일 메인은 검색창 아래 현재 선택한 주제판이 보이는 구조다. 뉴스판이 기본으로 선택되어 있으며 그 옆으로 연예, 스포츠, 쇼핑과 같은 주제판들이 추가되어 있다. 여기서 개인의 취향에 따라 구독하고 싶은 주제판을 추가할 수 있다.

▲ 모바일 메인 화면

모바일 메인 화면에서 우측 상단의 플러스 버튼(+)을 누르면 판 관리화면으로 이동한다. 최상단에는 현재 추가한 주제판(❶)들이 표시되며 그 아래로 아직 설정하지 않은 판(❷)들이 나열되어 있다. 2018년 4월 현재 모바일 버전에서 추가할 수 있는 주제판은 총 36개다. 그 중 29개가 분야별 콘텐츠를 담고 있으며 나머지 7개는 모바일에 특화된 기능 제공하고 있다.

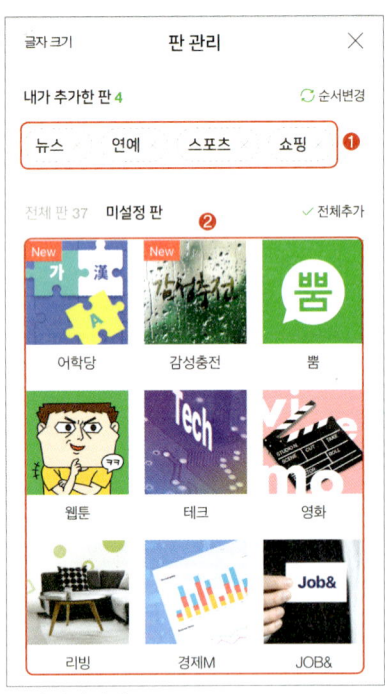

▲ 판 관리 화면

우측에 있는 순서변경 버튼(❶)을 누르면 표시되는 주제판의 순서를 변경할 수 있다. 순서를 직접 변경하거나 최근 30일간 많이 본 순, 인기순 등으로 정렬해 볼 수 있다. 현재 추가된 판을 제거하려면 주제판 이름 옆의 X버튼(❷)을 누른 후 저장 버튼을, 새로운 판을 추가하려면 하단에 나열된 주제판을 선택(❸)한 후 저장 버튼(❹)을 누르면 된다.

▲ 주제판을 추가하는 모습

모바일 메인은 스크롤이 가능하기 때문에 PC 메인보다 더 많은 콘텐츠가 노출된다. 그러나 노출 위치에 따라 조회수가 조금씩 다르며, 일반적으로 좌상단에 노출되는 콘텐츠의 조회수가 가장 높고 아래로 내려갈수록 조회수가 낮아진다.

▲ 선택한 주제판이 추가된 모습

1-2. PC 메인 살펴보기

주제판을 좌우로 넘겨볼 수 있는 모바일 메인과 달리, PC 메인은 메인 화면 속 별도의 영역에 주제판이 제공된다. 기본적으로 모든 주제판이 다 추가된 상태이며 접속할 때마다 등록된 주제판을 랜덤으로 보여준다. PC 메인에서는 모바일에 특화된 기능성 판을 제외한 주제판만 확인할 수 있다.

각각의 주제판을 선택하면 해당 주제판으로 바로 이동할 수 있으며, 우측의 화살표(❶)를 눌러 선택한 주제판의 좌우 주제판으로 이동할 수 있다. 이 과정이 번거롭다면 좌측의 삼선 아이콘(❷)을 눌러 원하는 주제판을 바로 선택할 수도 있다.

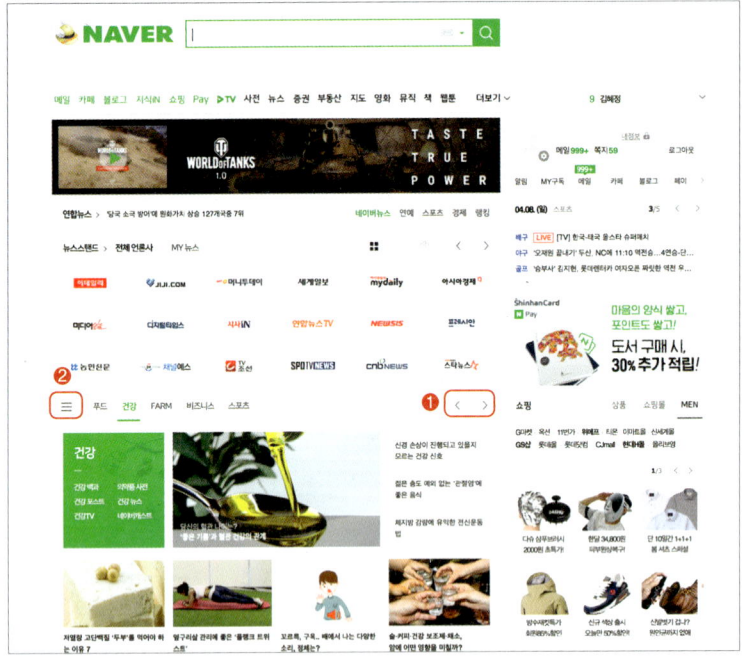

▲ PC 메인 화면 주제판 영역

원하는 주제판만 보고 싶다면 맨 좌측의 주제판 열기 버튼(≡)을 누른 후 화면 하단의 관심 주제 설정 버튼(⚙)을 눌러 원하는 주제판을 선택하면 된다. 로그인한 상태에서는 모바일 관심 주제 가져오기 버튼(⬇)을 통해 모바일에서 설정한 주제판 리스트와 순서를 그대로 가져올 수 있다.

▲ 주제판 바로가기 화면

보고 싶은 주제판을 클릭하면 체크되어 선택(❶)되고, 다시 선택하면 선택 해제된다. 선택한 주제판은 상단에 표시되며, 주제판 설정이 끝나면 [확인] 버튼(❷)을 클릭한다. 선택한 주제판만 보여지게 된다.

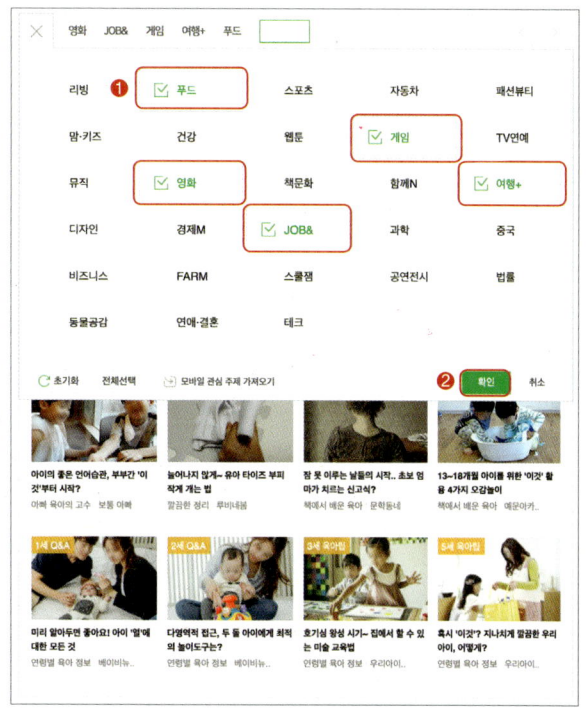

▶ 주제판을 추가하는 모습

Chapter 01_네이버 메인노출 마케팅 이해하기 41

PC 메인은 영역이 고정되어 있기 때문에 노출되는 콘텐츠의 수가 모바일 메인에 비해 더 적다. 모바일 메인에 노출되는 콘텐츠 중 일부만이 PC 메인에 노출되지만 한 눈에 다 들어오기 때문에 위치에 따른 조회수의 차이는 미미하다.

▲ 선택한 주제판들이 추가된 모습

2 _ 어떻게 운영되고 있을까?

열 개 남짓한 주제판만 운영되던 과거에는 네이버가 모든 주제판을 운영했다. 하지만 주제판이 두 배 이상 늘어난 지금은 전체 주제판의 절반을 네이버가, 나머지 절반을 네이버와 언론사의 합작회사들이 각각 운영하고 있다. 합작회사들에 대한 소개와 주제판의 운영 방침은 주제판별 공지사항을 통해 확인할 수 있다.

▲ 주제판 운영사의 공지사항

2-1. 외부 에디터의 콘텐츠만 노출하는 주제판

네이버는 자체적으로 콘텐츠를 제작하지 않기 때문에 이들이 운영하는 주제판은 기자, 블로거, 포스트 에디터 등 외부 에디터들이 작성한 콘텐츠가 주로 노출된다. 패션뷰티판, 리빙판, 푸드판 등이 여기에 속하며, 주제판의 운영 원칙과 편집 방향에 적합한 콘텐츠들이 노출된다.

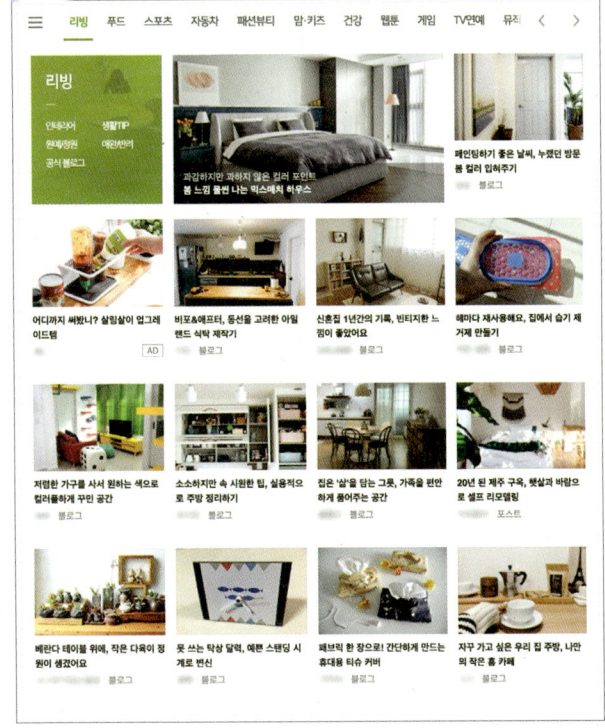

▶ 외부 콘텐츠만 노출하는 리빙판

2-2. 관련 기관의 콘텐츠만 노출하는 주제판

일부 주제판은 주제의 특성상 출처가 분명한 곳에서 작성한 콘텐츠만 노출한다. 책문화판, 과학판, 건강판등이 여기에 속한다. 책문화판은 주로 출판사들이 제작한 콘텐츠가 노출되며, 과학판 역시 과학 서적 출판사나 관련 기관에서 작성한 콘텐츠가 노출된다. 건강 정보를 다루는 건강판 역시 언론, 병원, 관련 기관에서 작성한 콘텐츠가 주를 이룬다.

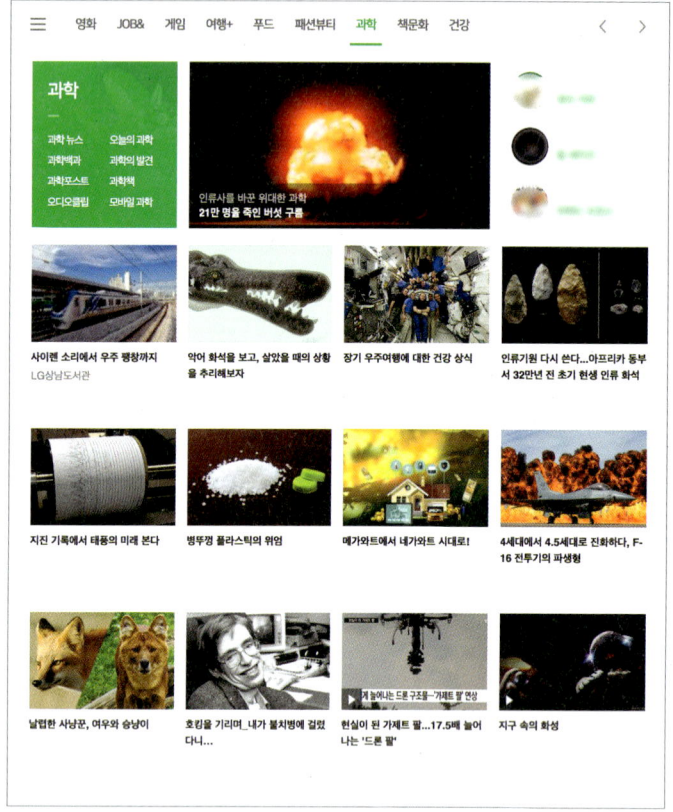

▲ 관련 기관의 콘텐츠만 노출하는 과학판

2-3. 내부 에디터의 콘텐츠도 함께 노출하는 주제판

합작회사는 콘텐츠를 작성하는 전문 필진을 갖추고 있기 때문에 이들이 운영하는 주제판은 외부와 내부 에디터들이 작성한 콘텐츠가 함께 노출된다. FARM판, 동물공감판, 잡앤판 등이 여기에 속하는데, 운영 방침에 따라 자체 콘텐츠의 비율이 서로 다르며 이 비율은 상황에 따라 조금씩 달라진다.

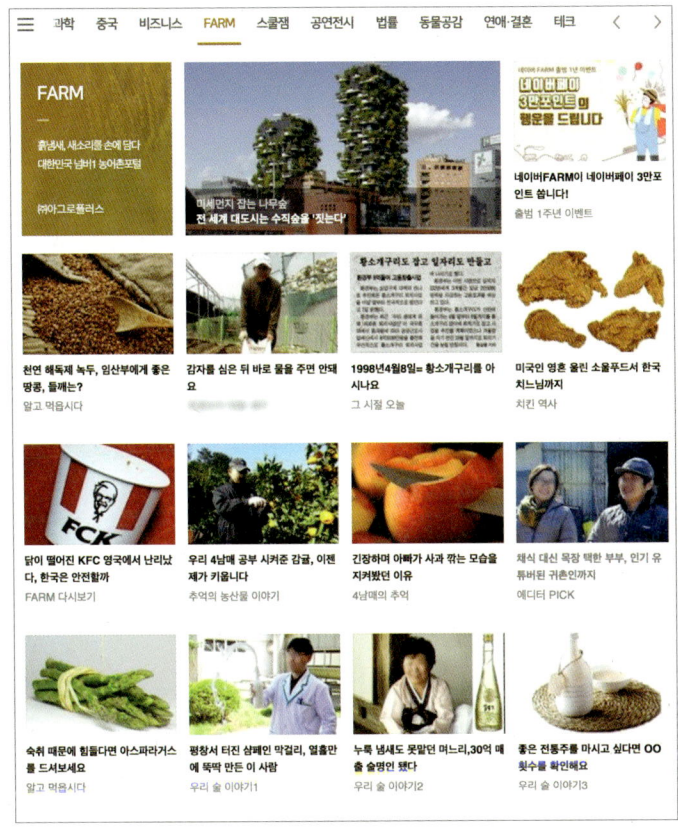

▲ 내부 에디터의 콘텐츠를 함께 노출하는 FARM판

3 _ 어떤 콘텐츠가 노출될까?

네이버 검색에는 외부 사이트와 블로그에서 작성한 콘텐츠도 노출되지만, 네이버 메인에는 오직 네이버 서비스를 통해 업로드된 콘텐츠만 노출된다. 네이버 메인에는 주로 어떤 콘텐츠들이 노출되는지 살펴보도록 하자.

3-1. 뉴스

가장 신뢰도가 높은 출처로 사실관계가 명확해야 하는 모든 곳에 쓰인다. 따라서 특정 주제판에 한정되지 않고 전체적으로 다양하게 노출되고 있지만 어차피 개인이나 기업이 노릴 수 있는 영역이 아니기 때문에 참고만 하면 된다.

▲ 뉴스 콘텐츠가 노출되는 건강판

3-2. 지식인과 카페

지식인이나 카페 글이 메인에 노출되는 경우가 종종 있다. 경제M판의 경우 재테크 카페의 콘텐츠를 노출하기도 하며, 테크판은 주기적으로 지식인의 인기 콘텐츠를 노출하고 있다. 하지만 이는 어디까지나 특수한 경우이기 때문에 뉴스와 마찬가지로 개인이나 기업이 노리기는 힘들다.

▲ 지식iN의 콘텐츠가 노출되는 테크판

3-3. 네이버TV

비교적 최근에 등장해 주목을 받고 있는 동영상 서비스다. 네이버가 제시한 기준만 충족하면 개인과 기업 누구나 채널을 개설해 동영상 콘텐츠를 업로드 할 수 있다. 하지만 동영상 콘텐츠의 특성상 누구나 쉽게 제작할 수 있는 것은 아니기 때문에 진입장벽이 높은 편이다.

▲ 네이버TV의 콘텐츠가 노출되는 TV연예판

3-4. 폴라

폴라(PHOLAR)는 네이버가 2015년 출시한 모바일 기반의 사진 및 동영상 공유 소셜 네트워크 서비스(SNS)이다. 폴라에 등록한 콘텐츠는 일부 주제판에서만 부분적으로 사용되는데 대표적인 곳이 바로 패션뷰티판이다. 헤어멘토들의 헤어스타일을 소개할 때 주로 사용되며, 블로그나 포스트에 비해 노출되는 영역이 상대적으로 좁다.

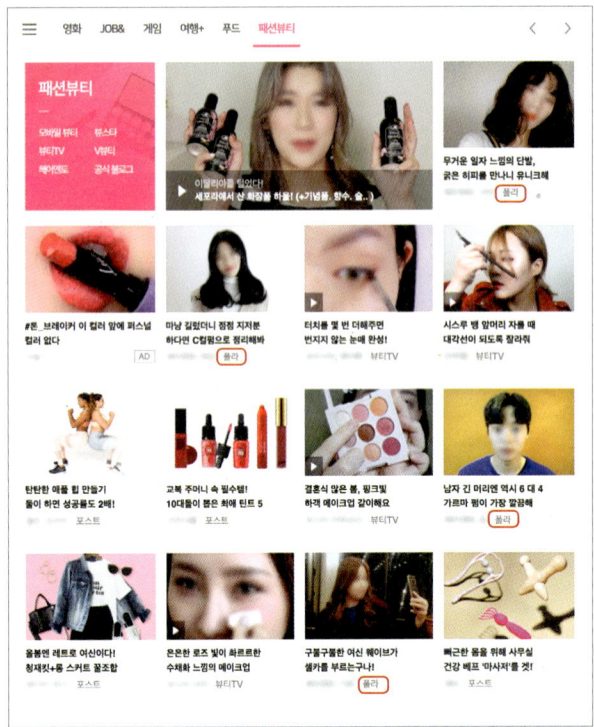

▲ 폴라의 콘텐츠가 노출되는 패션뷰티판

3-5. 블로그

블로그는 개인의 솔직한 후기를 공유하는 서비스이기 때문에 그런 특성에 적합한 주제판에 주로 노출된다. 대표적으로 살림노하우를 소개하는 리빙판과 요리 레시피를 소개하는 푸드판 등이다. 이들 주제판은 블로그가 가장 강세를 보이는 주제판이기도 하다.

▲ 블로그의 콘텐츠가 노출되는 푸드판

3-6. 포스트

블로그와 포스트를 혼동하는 이들이 많지만 둘은 엄연히 다른 서비스다. 블로그는 개인의 솔직한 후기를 이웃과 나누는 서비스지만, 포스트는 분야별 전문 에디터들이 작성한 콘텐츠를 유통하는 서비스다. 콘텐츠 전문가를 위한 플랫폼이라는 네이버의 소개처럼 블로그 포스팅보다 더 전문적이고 완성도 높은 콘텐츠를 지향하고 있어 뉴스만큼이나 많은 주제판에 노출되고 있다. 매거진, 온라인 매체, 전문기관, 기업의 콘텐츠가 가장 많이 유통되며 개인 에디터들의 전문적인 콘텐츠도 두드러진다. 개인과 기업의 입장에서 메인노출에 가장 적합한 서비스라 할 수 있다.

▲ 포스트의 콘텐츠가 노출되는 영화판

LESSON

네이버 메인노출, 왜 필요할까?

앞선 레슨들을 통해 네이버 메인의 기초적인 내용들을 살펴봤다. 이번 레슨에서는 메인노출이 왜 필요하고 어떤 순서로 진행되는지 정리해보겠다. 본인이 미처 생각하지 못했던 부분이 있을 수 있으니 이번 레슨을 통해 메인노출의 가치에 대해 다시 한 번 생각해 보자.

1 _ 상위노출과는 다른 활용법

상위노출과 메인노출을 혼동하는 이들이 많다. 상위노출은 특정 키워드로 검색했을 때 통합검색 결과 첫 페이지에 노출되는 것을 말하지만, 메인노출은 별도의 검색 없이 네이버 메인화면에 바로 노출되는 것을 말한다.

▲ PC 메인노출　　　　　　　　　　▲ 모바일 메인노출

▲ PC 상위노출　　　　　　　　　　▲ 모바일 상위노출

상위노출은 검색 로직에 의해 결정된다. 로직만 공략할 수 있다면 어떤 형태의 글이라도 상위에 노출 될 수 있기 때문에 홍보성 글을 노출하고자 하는 이들의 작업이 빈번하다. 대부분의 검색 결과가 이런 작업의 결과물이다 보니 신뢰도가 떨어져 다른 서비스로 이탈하는 사용자가 꾸준히 늘고 있다. 하지만 사용자가 분명한 목적을 가지고 검색하기 때문에 상위노출될 경우 실제 매출로 이어지는 경우가 많다.

반면 메인노출은 주제판별 편집자에 의해 직접 선정된다. 네이버 메인에 노출되는 콘텐츠인 만큼 각 편집자들은 선정에 신중을 기하며 누가 보더라도 인정할만한 콘텐츠를 엄선한다. 물론 선정에 의구심이 드는 경우도 없지 않지만, 상위노출되는 콘텐츠들과 비교해보면 확연한 차이가 있다. 메인노출은 검색을 하지 않아도 첫 화면에서 바로 보여지기 때문에 수천에서 수십만 이상의 트래픽을 발생시키며 실제 매출보다는 인지도를 높이고 브랜드를 강화하는데 상당한 역할을 한다.

정리해보자면, 상위노출은 분명한 목적을 가지고 검색하는 이들에게 우선적으로 노출되기 때문에 직접적인 홍보에 적합하다. 반면 메인노출은 해당 분야에 관심을 가지고 있는 모든 이들에게 대량으로 노출되기 때문에 장기적인 브랜딩이나 2차 검색을 유도하는데 적합하다. 어떻게 보면 상위노출에 집중하는 것이 더 효과적으로 보일 수 있다. 하지만 애석하게도 상위노출에만 집중하는 마케팅은 이제 한계를 맞은 상태다. 검색 로직의 꾸준한 개선으로 상위노출이 점점 더 어려워지고 있으며, 홍보글로 뒤덮인 네이버 검색결과를 신뢰하지 않는 사용자들은 대안을 찾아 지속적으로 빠져나가고 있다.

지난 2017년 네이버는 〈웹 커넥트 데이〉를 통해, 향후 외부 웹 콘텐츠들도 검색에 적극 노출해 검색 만족도를 개선해 나가겠다고 밝혔다. 상위노출만 바라보는 이들에게 앞으로의 상황은 더 어려워질 수밖에 없다. 이런 상황에서 네이버가 적극적으로 장려하고 있는 메인노출은 불가피한 선택이자 생존을 위해 우리 모두가 고려해야 할 유일한 대안이다.

2 _ 메인노출이 필요한 5가지 이유

메인노출이 필요한 이유는 단지 상위노출의 대안이기 때문만은 아니다. 메인노출은 그 자체만으로도 상당한 가치가 있으며 적극적으로 활용할 경우 다신 없는 기회로 삼을 수 있다. 메인노출이 필요한 이유는 크게 5가지로 구분해 볼 수 있다.

첫째, 유입량 증가

주제판과 노출되는 위치에 따라 다르기는 하지만 메인노출될 경우 최소 수천에서 많게는 백만 이상의 유입을 만들어 낼 수 있다. 전체 유입량의 10% 정도는 채널 내 다른 콘텐츠나 연결된 사이트로 2차 유입되기 때문에 반복적으로 노출될 경우 월 수백만의 잠재 고객을 유치할 수 있다. 다음은 콘텐츠의 주제판 메인노출에 따른 월간 조회수를 나타낸 그래프이다. 한 달에만 약 250만에 가까운 유입량이 발생한것을 확인할 수 있다.

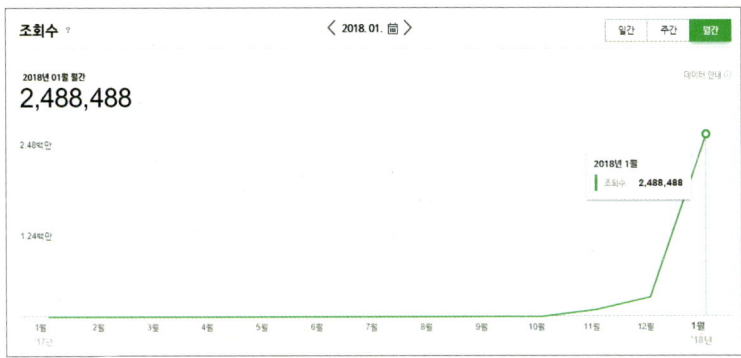

▲ 250만에 가까운 월간 유입

둘째, 구독자 확보

채널 운영에 있어 구독자 수는 영향력을 상징한다. 구독자 수에 따라 마케팅 집행 비용이 달라지는 만큼 채널 운영에 있어서 구독자 확보는 더 없이 중요한 부분이다. 구독자를 확보하는 방법은 타 채널을 순방하며 구독, 좋아요, 댓글, 이른바 3종 세트를 남기는 것이 일반적이다. 하지만 네이버 메인에 노출될 경우 자연스럽게 조회수 대비 일정 비율로 구독자가 증가한다. 메인에 반복 노출될 경우 구독자를 빠르게 늘릴 수 있는 것은 물론이다. 다음은 메인노출로 인해 급격히 증가한 월간 조회수에 비례하여 팔로워 증감수를 나타낸 그래프이다.

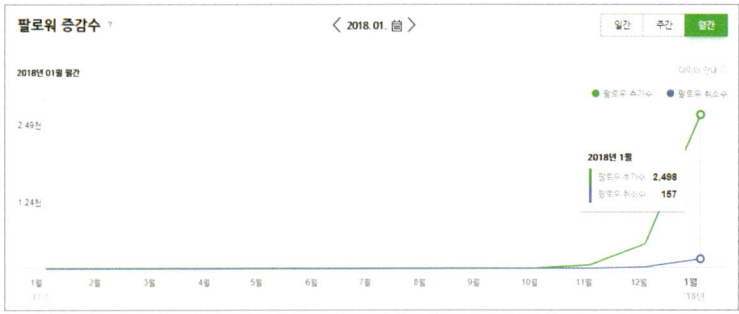

▲ 2,500명에 가까운 구독자 확보

셋째, 검색 가산점

네이버에게 공식 채널로 인증 받으면 검색에 더 유리하다는 것은 이미 널리 알려진 사실이다. 네이버 메인에 반복적으로 노출될 경우 믿을 수 있는 출처로 인식돼 공식 채널로 인정받은 것과 유사한 상태에 이를 수 있는데, 실제로 메인에 노출된 글은 검색에서도 상위권에 노출되며 메인에 지속적으로 노출되는 채널 역시 상위노출에 강한 모습을 보이고 있다.

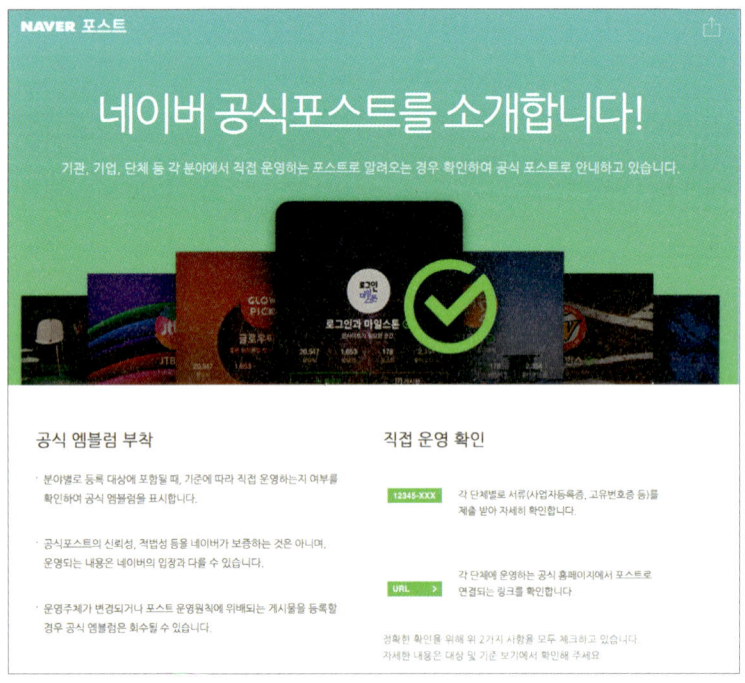

▲ 네이버 공식 포스트

넷째, 새로운 기회 창출

네이버 메인은 분야별로 양질의 콘텐츠를 엄선해 소개하는 장이다. 좋은 콘텐츠나 제작자가 필요한 기업들은 국내 최대 포털 사이트인 네이버 메인을 최우선으로 참고하게 되는데, 네이버 메인에 반복적으로 노출되는 이들은 자연스럽게 이들의 눈에 띄게 된다. 개인의 경우 출판 및 콘텐츠 제작을 의뢰받기도 하며 기업의 경우 제휴를 통해 타 플랫폼에 기존 콘텐츠를 공급하는 계약을 맺거나 새로운 사업을 제안받기도 한다. 실제로 필자가 운영하는 채널 중 몇몇은 카카오 등 타 플랫폼에 콘텐츠를 공급하는 계약을 체결하기도 했다.

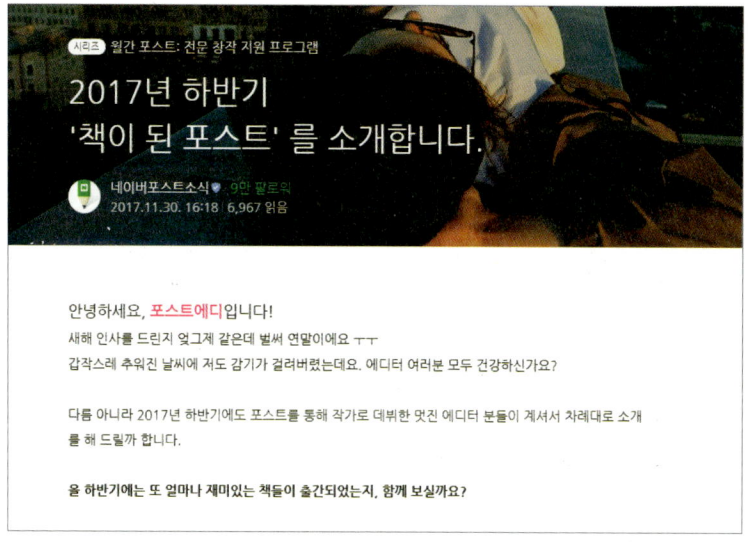

▲ 꾸준히 책으로 출간되고 있는 네이버 포스트 콘텐츠

다섯째, 브랜드 강화

메인노출의 효과 중 장기적으로 가장 의미 있는 것이 바로 브랜드 강화다. 메인에 노출될 경우 모든 네이버 사용자에게 보여지기 때문에 인지도를 끌어올리고 브랜드를 강화하는데 효과적이며, 주제판으로 구분되어 있어 타겟팅된 고객에게 어필하는데도 큰 도움이 된다. 네이버 메인에 자주 소개되는 브랜드로 마케팅을 진행할 수도 있고, 양질의 콘텐츠로 잠재 고객들에게 긍정적인 인상을 남기거나 브랜드에 대한 신뢰를 쌓을 수도 있다.

▲ 메인노출과 함께 강화되는 브랜드

이쯤에서 한 번 생각해보자. 사용자들은 수많은 홍보글로 상위노출을 꽉 잡고 있는 브랜드를 신뢰할까, 아니면 잘 만들어진 콘텐츠를 통해 반복적으로 메인노출되는 브랜드를 신뢰할까? 당신이 고객이라면 어떤 브랜드를 더 선호할지 생각해보자. 상위노출이 당장의 매출에는 도움이 될지 몰라도 장기적인 브랜딩을 위해서는 메인노출이 효과적일 수밖에 없다.

상위노출로 자사 제품에 유리한 정보를 아무리 도배해 본들 똑똑한 소비자들은 다양한 루트를 통해 제품의 진짜 정보를 찾아내고야 만다. 눈 가리고 아웅하는 식의 일방적인 홍보는 이제 더 이상 무의미하다. 당장은 상위노출을 진행할 수밖에 없다 하더라도, 다른 한편으로는 메인노출을 통해 고객이 자사 브랜드를 긍정적으로 느낄 수 있도록 플러스 요인을 쌓아가는 것이 중요하다. 수많은 글로벌 기업들이 브랜드 이미지를 강화하는 좋은 콘텐츠에 제품만큼이나 많은 심혈을 기울이는 것은 바로 이 같은 이유 때문이라는 것을 명심해야 한다.

3 _ 메인노출 진행 8단계

네이버 메인에 노출되기 위해 그저 열심히만 운영하는 이들이 적지 않다. 물론 메인에 노출되는 방법은 다양하기 때문에 성실히 운영하기만 해도 언젠가는 기회가 있을지 모른다. 하지만 단기간에 효율적으로 메인노출을 진행하면서 강력한 효과를 얻고자 한다면 필자가 다양한 경험을 통해 확립한 메인노출 진행 8단계를 참고하는 것이 좋다.

어떤 상황이든 기본적인 접근법은 동일하다. 개인과 기업, 블로거와 포스트 에디터 누구든 간에 이 방법으로 네이버 메인을 분석한 후 접근을 하면 최단 시간 내에 최대의 효과를 누릴 수 있다. 각 단계에 대한 자세한 내용은 별도의 레슨 과정에서 자세히 설명할 것이다.

- **1단계_목표 주제판 정하기**

네이버 메인에는 서른 개가 넘는 주제판이 존재하며 그 중 직접적으로 노릴 수 있는 주제판은 스무 개가 넘는다. 직장인을 대상으로 하는 비즈니스판과 잡앤판만 해도 성격이 전혀 다르기 때문에 주제판에 올라온 콘텐츠들을 살펴보면서 어떤 곳이 본인에게 적합한지 확실히 해야 한다. 이 단계에서는 각각의 주제판들을 살펴보면서 메인노출 가능성은 물론, 지속적인 노출을 통한 성장 가능성까지 따져보고 이를 어떻게 활용할 수 있을지를 종합적으로 고민해 목표 주제판을 정해야 한다. 이 단계를 건너뛰거나 목표로 할 주제판을 잘못 정할 경우, 장기간 운영하고 나서도 이도저도 못하는 곤란한 상황에 처할 수 있으니 주의해야 한다.

자세한 내용은 "Chapter 02. 네이버 메인 분석하기-Lesson 01. 목표 주제판 설정하기"를 참조한다.

- **2단계_목표 주제판 상세 분석하기**

목표 주제판을 정했다면 상세하게 분석하는 과정이 필요하다. 가장 먼저 주제판의 공식 채널을 방문해 운영 방침과 가이드를 숙지하도록 하자. 다음으로 장기간에 걸쳐 인기 콘텐츠를 분석하고 그 중 본인이 작성할 수 있을만한 콘텐츠를 골라 기획해야 한다. 이 과정을 건너 뛸 경우 아무리 열심히 운영해도 메인에 노출되지 못할 수 있다. 이 과정에 얼마나 공을 들이냐에 따라 성패가 갈릴 수 있음을 명심해야 한다.

자세한 내용은 "Chapter 02. 네이버 메인 분석하기-Lesson 02. 주제판 상세 분석하기"를 참조한다.

- **3단계_벤치마킹 진행하기**

벤치마킹이라고 하면 1등의 성공사례를 분석해 접근하는 것으로 생각하기 쉽다. 하지만 메인노출에서의 벤치마킹은 본인과 비슷한 사례가 있는지를 먼저 따져본 후, 1등의 사례는 참고만 하는 것이 좋다. 반복적으로 메인에 노출되는 채널들은 이미 안정권에 접어든 상태이기 때문에 새롭게 채널을 운영하고자 하는 이들이 참고할만한 부분은 그리 많지 않다. 본인이 운영하고자 하는 형태와 유사한 컨셉으로 비교적 최근에 운영을 시작해 메인에 노출되고 있는 이들을 찾아내 그들의 성공법을 따져보는 것이 더 현실적이다.

자세한 내용은 "Chapter 02. 네이버 메인 분석하기-Lesson 03. 벤치마킹 진행하기"를 참조한다.

- **4단계_컨셉트 및 운영방식 정하기**

벤치마킹으로 경쟁 및 참고 사례까지 파악했다면 본인만의 차별화된 컨셉트과 현실을 고려해 효율적인 운영방식을 정해야 한다. 3단계까지 열심히 진행했다 하더라도 정작 본인의 채널을 차별화된 전략으로 운영하지 못하면 아무 소용이 없다. 앞서 분석한 내용을 토대로 분석 보고서를 작성해본 후 앞으로의 운영전략까지 꼼꼼하게 세워보아야 한다. 메인노출은 절대적으로 양보다 질이다. 본인의 콘텐츠 생산 역량을 고려해 천천히 가더라도 확실한 콘텐츠로 채워가는 것이 바람직한 접근방법이다.

자세한 내용은 "Chapter 02. 네이버 메인 분석하기-Lesson 03. 벤치마킹 진행하기" 와 "Chapter 04. 메인노출 진행하기-Lesson 02. 장기적인 운영방식"을 참조한다.

- **5단계_콘텐츠 기획하기**

메인노출에 있어 가장 중요한 것은 바로 콘텐츠 기획 능력이다. 똑같은 소재를 다룬다 하더라도 콘텐츠를 어떻게 기획하느냐에 따라 노출 확률이 달라지는 것은 물론, 조회수도 크게 달라질 수 있다. 2단계를 성실하게 수행한다면 메인에 노출되는 콘텐츠의 특징을 파악했을 것이다. 이러한 기본기를 바탕으로 일석이조 콘텐츠, 리뉴얼 콘텐츠, 오리지널 콘텐츠 등 노출 확률을 배로 높이는 기획력을 터득해 보자.

자세한 내용은 "Chapter 03 메인노출 콘텐츠 작성하기-Lesson 01. 메인 노출 콘텐츠의 특징, Lesson 02. 확률을 높이는 콘텐츠 기획법"을 참조한다.

- **6단계_콘텐츠 작성하기**

좋은 콘텐츠를 기획하는 것만큼이나 작성하는 과정도 중요하다. 메인에 노출되는 콘텐츠는 모바일을 통한 유입이 80% 이상이기 때문에 모바일을 우선적으로 고려해야 하며, 수많은 독자에게 노출되기 때문에 정확한 정보를 담고 오해의 소지가 있는 부분을 최소화해야 한다. 콘텐츠 작성의 기본이 되는 부분은 물론 메인노출의 특성을 고려해 다음과 같이 총 3단계로 나눠 콘텐츠를 작성하고 스스로 검증하는 과정이 필요하다.

- 작성 전에 체크해야 할 부분
- 작성 중에 체크해야 할 부분
- 작성 후 체크해야 할 부분

자세한 내용은 "Chapter 03 메인노출 콘텐츠 작성하기-Lesson 03. 독자를 배려한 콘텐츠 구성법, Lesson 04. 메인노출 콘텐츠 작성법"을 참조한다.

- **7단계_메인노출 진행하기**

좋은 콘텐츠를 기획하고 작성했다면 채널을 운영하는 방식에도 주의를 기울여야 한다. 아무리 양질의 콘텐츠를 작성한다 한들, 편집자의 눈에 띄지 않는다면 메인에 노출될 수 없다. 편집자를 이해한 상태에서 장기적인 안목으로 운영을 이어가야 한다. 메인노출에 특화되어 있는 포스트를 적극 활용해 포스트가 강점을 보이는 주제만을 공략해야 하며, 이벤트를 통해 메인노출이 가능한 경우도 있으니 이 부분도 꼼꼼하게 참고한다.

자세한 내용은 "Chapter 04 메인노출 진행하기"를 참조한다.

- **8단계_메인노출 관리하기**

네이버 메인에 노출 되었다고 해서 모든 과정이 끝나는 것은 아니다. 메인에 노출되면 단 시간 내에 많은 독자들이 유입되기 때문에 콘텐츠에 잘못되거나 문제되는 부분이 없는지 빠르게 점검해야 하며, 독자들의 피드백에도 적극적으로 대응해야 한다. 메인노출이 종료된 후에는 해당 콘텐츠를 분석해 기획의 성공률과 독자들의 반응을 살펴보고 다음 콘텐츠 기획과 메인노출에도 대비를 해야 한다. 메인노출 후 채널을 어떻게 관리하느냐에 따라 다음 메인노출도 결정되기 때문에 꼼꼼한 관리가 필요하다.

자세한 내용은 "Chapter 05 메인노출 관리하기"를 참조한다.

| Chapter | **02**

네이버 메인 분석하기

Lesson 01 목표 주제판 설정하기
Lesson 02 주제판 상세 분석하기
Lesson 03 벤치마킹 진행하기
Lesson 04 활용서비스 및 운영 방식 정하기

LESSON

목표 주제판 설정하기

메인노출은 목표 주제판을 설정하는 것에서부터 시작한다. 후보 주제판을 선정한 후 메인노출 가능성과 성장 가능성을 차례로 점검해보고 나서 목표 주제판을 확정지어야 한다. 이번 챕터에서는 가상의 독자 A를 푸드 콘텐츠에 관심이 많은 에디터로 설정하고 진행하도록 하겠다.

1 _ 후보 주제판 선정하기

전체 주제판을 살펴보면서 분위기를 파악한 후, 목표 주제판 후보를 선정해야 한다. 평소 네이버 메인을 자주 들여다보더라도 전체 주제판을 다 확인하지는 않기 때문에 트렌드 파악을 위해 모든 주제판을 가볍게 훑어보는 것이 좋다. 콘텐츠는 하나의 주제판에만 노출되지 않는다. '음식이 소재가 되는 영화'와 같은 콘텐츠는 푸드판 뿐 아니라 영화판에도 소개될 수 있다. 따라서 다양한 아이디어를 얻기 위해서라도 최대한 많은 주제판을 살펴보아야 하며, PC 메인보다 모바일 메인이 더 많은 정보를 제공하니 모바일 위주로 확인하는 것이 좋다.

1-1. 참고

전체 주제판을 살펴본 후 푸드 관련 콘텐츠가 소개되고 있는 주제판 두 세 곳을 후보로 선정한다. 후보 주제판들을 살펴보면서 본인이 생각했던 콘텐츠를 다루고 있는지, 특별히 생각해둔 콘텐츠가 없다면 참고할만한 콘텐츠에는 어떤 것들이 있는지를 확인해야 한다. 제목과 대표이미지만 참고해도 되지만, 애매하거나 궁금한 콘텐츠는 본문까지 확인해본다. 요일에 따라 콘텐츠 배열이 달라질 수 있기 때문에 최근 일주일을 기준으로 살펴보는 것이 좋다.

1-2. 진행

01 모바일 메인 상단 우측의 [+] 버튼을 누른다.

02 우측 하단의 전체추가(❶)를 선택한 후 [저장] 버튼(❷)을 누른다.

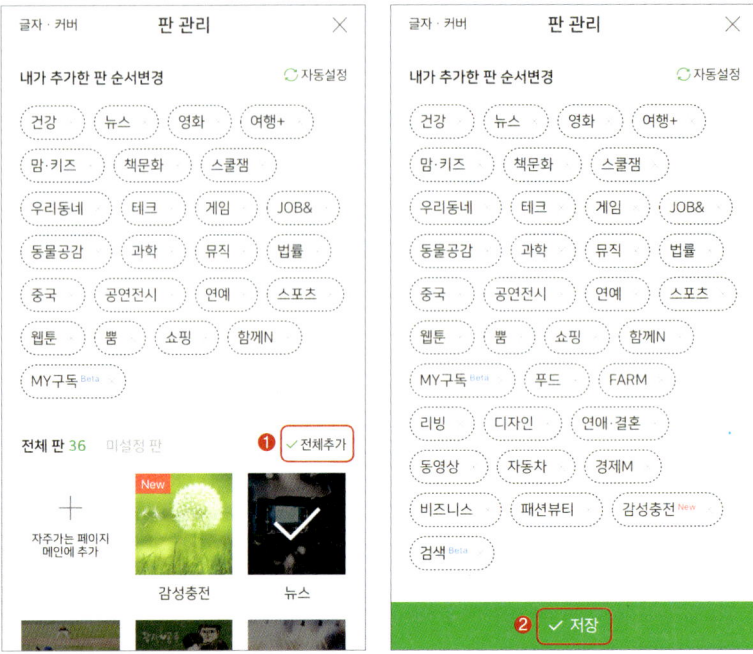

03 분위기를 파악한다는 느낌으로 전체 주제판을 훑어본다.

04 다시 [+] 버튼을 눌러 2-3개의 후보 주제판만 남긴(❶) 후 [저장] 버튼(❷)을 누른다.

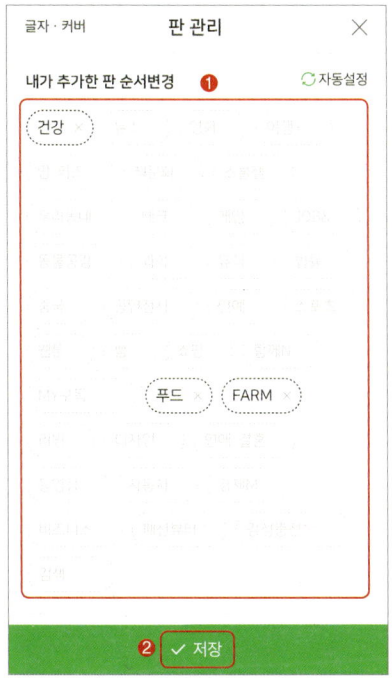

05 후보 주제판의 관련 콘텐츠들을 집중적으로 살펴본다.

06 지난 노출 내역이 궁금할 경우 주제판 최하단의 '더보기' 항목을 선택한다.

07 날짜 선택(❶) 후 최근 일주일 간의 메인노출 내역(❷)을 살펴본다.

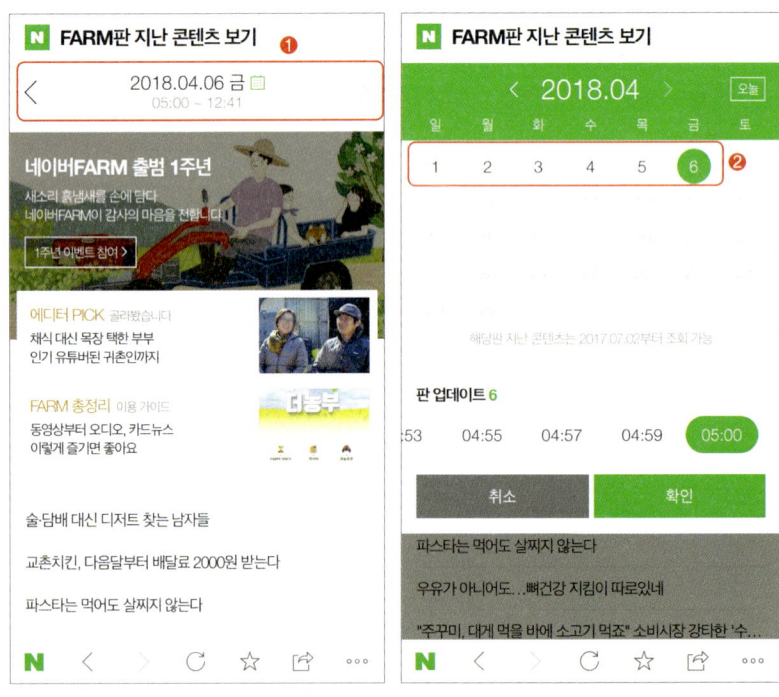

1-3. 분석

푸드 콘텐츠가 반복적으로 노출되고 있는 푸드판, 건강판, FARM판을 목표 주제판 후보로 선정했다. 푸드판에서는 레시피·맛집·푸드정보가, 건강판에서는 식품영양정보가, FARM판에서는 식재료 정보가 주로 노출되고 있었다. 푸드 콘텐츠의 비중이 높은 곳은 역시나 푸드판이었지만 다른 주제판도 참고할만한 좋은 콘텐츠들이 많았다.

2 _ 성장 가능성 점검하기

블로그나 포스트를 꾸준히 운영한다면 한 번 쯤은 메인노출을 경험할 수 있을 것이다. 그러나 채널의 성장을 위해서는 지속적인 메인노출이 필요하며, 목표 주제판을 설정할 때는 이 부분까지 염두에 두어야 한다. 성장 가능성을 판단하는 기준에는 여러 가지가 있지만 운영 주체가 누구인지 참고해보는 것도 좋다.

2-1. 참고

네이버 메인은 크게 네이버가 관리하는 주제판과 네이비와 언론의 합작회사가 운영하는 주제판으로 나뉜다. 네이버가 관리하는 주제판은 자체적으로 콘텐츠를 생산하지 않기 때문에 모든 콘텐츠를 외부 에디터들에게서 가져오며, 그만큼 메인노출의 기회가 많고 지원 정책도 다양하다. 그러나 합작회사가 관리하는 주제판은 내부적으로 에디터가 존재하며 그들의 콘텐츠가 메인에 자주 노출되기 때문에 외부 에디터들에게 주어지는 기회는 상대적으로 적은 편이다. 그렇다고 해서 절대적으로 네이버가 관리하는 주제판이 메인노출에 유리한 것은 아니다. 네이버가 관리하는 주제판이라 하더라도 운영원칙이 각각 다를 수 있기 때문이다. 합작회사가 관리하는 주제판 역시 활성화 정도에 따라 차이가 있으며, 내부 사정에 따라 자체 콘텐츠의 비중은 얼마든지 달라질 수 있기 때문에 이들의 근본적인 특성만 참고하면 된다.

주제판	운영사	네이버와 합작한 기업 및 언론
잡앤판	㈜ 잡스앤	조선일보
중국판	㈜차이나랩	중앙일보
비즈니스판	㈜인터비즈	동아일보
연예결혼판	㈜썸랩	문화일보
공연전시판	㈜아티션	경향신문

동물공감판	㈜동그람이	한국일보
영화판	㈜씨네플레이	한겨레
여행플러스판	㈜여행플러스	매일경제
법률판	㈜법률N미디어	머니투데이
FARM판	㈜아그로플러스	한국경제신문
테크판	㈜테크플러스	전자신문
디자인판	㈜디자인프레스	디자인하우스
스쿨잼판	㈜스쿨잼	EBS

▲ 합작회사가 운영하는 주제판

2-2. 진행

01 운영 주체를 파악하기 위해 PC 메인을 확인한다. 합작사가 운영할 경우에는 사명이 명시(❶)되어 있지만, 네이버가 운영할 경우에는 공식블로그(❷) 정도만 소개된다.

02 후보 주제판 PC 메인을 방문해 해당 부분을 확인한다.

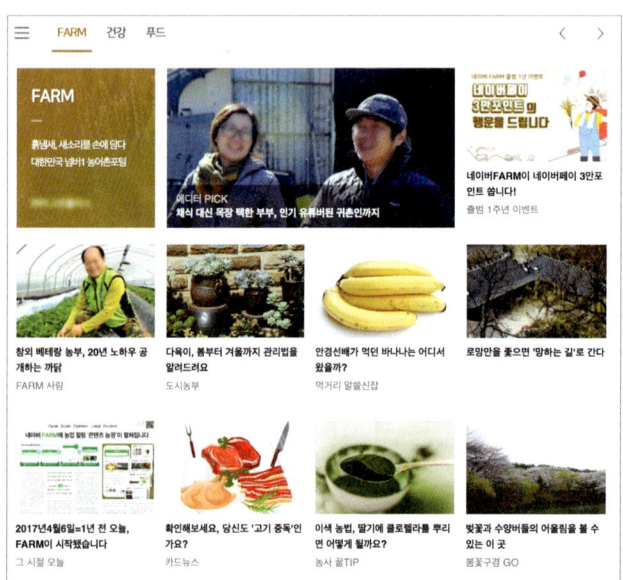

03 링크를 누르면 공지로 이동하며, 운영주체를 확인할 수 있다.

> 공지
>
> **네이버 FARM판 편집 운영원칙 안내**
>
> **1. [네이버 FARM] 주제판은 누가 만드나요**
>
> 한국경제신문과 네이버가 합작한 농어촌 콘텐츠 기획회사 (주)아그로플러스가 운영합니다. 한국경제신문에서 파견된 기자들과 전문 인력들이 [네이버 FARM]을 매일 만듭니다. 농림축산식품부 해양수산부 등 정부 부처 출입기자, 식음료 및 유통 담당 기자, 전원주택을 비롯한 부동산 담당 기자들입니다. 이들이 매일 콘텐츠를 만들고 선별합니다. 디자이너와 인턴 등도 함께 합니다.
>
> **2. 어떤 플랫폼인가요**
>
> 농어업, 귀농귀촌, 스마트팜, 도시농부, 제철 먹거리, 전원주택, 팜스테이 등 농업을 기반으로 한 다양한 '그린 콘텐츠'를 제공하는 **대한민국 농업 포털**입니다. 농업과 농촌은 빠른 산업화를 거치면서 도움을 받아야 하는 곳이라는 인식이 많았습니다. 그러나 4차 산업혁명 시대가 열리면서 농업은 대한민국을 먹여살릴 신산업으로 떠오르고 있습니다. 더 맛있는 쌀, 기능성 채소, 식품을 활용한 신소재, 곤충에서 화장품과 약품 재료를 추출하는 것도 모두 농업입니다.

04 다른 주제판의 PC 메인도 각각 확인한다. 건강판은 공식블로그가 없는 상태이다.

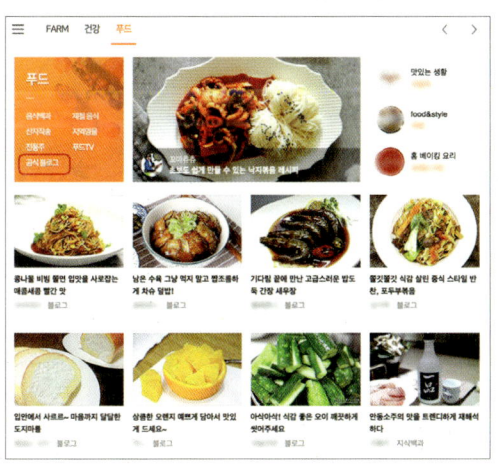 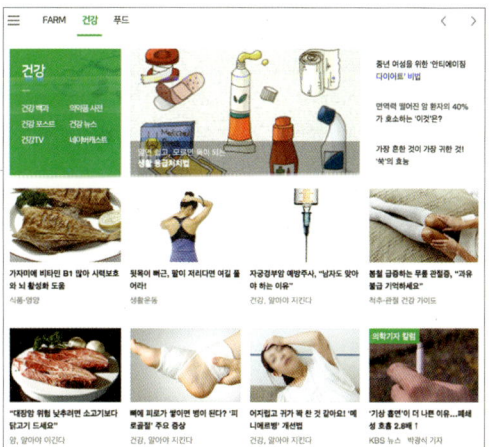

2-3. 분석

푸드판, 건강판은 네이버가, FARM판은 한국경제신문과 네이버의 합작회사인 (주)아그로플러스가 운영하고 있다. (주)아그로플러스는 더농부라는 블로그를 통해 FARM판에 콘텐츠를 노출하고 있기 때문에 푸드판, 건강판에 비해 노출 확률이 상대적으로 낮아 보인다. 물론 푸드판, 건강판에도 자주 노출되고 있는 채널이 있고, FARM판의 자체 콘텐츠 비중 역시 얼마든지 달라질 수 있으므로 이와 같은 구분이 절대적인 것은 아니다.

3 _ 메인노출 가능성 점검하기

후보 주제판을 선정하고 성장 가능성까지 확인했다면 최종적으로 메인노출 가능성을 점검해 봐야 한다. 아무리 적합해 보이는 주제판이라도 신규 에디터에게 많은 기회를 제공하지 않는다면 성공 확률이 떨어지기 때문이다. 네이버 메인에 자주 노출되는 인기 에디터가 아닌, 신규 에디터를 찾아 성공 사례를 분석해야 한다. 그들을 찾았다는 것만으로도 반은 성공한 셈이며, 그들이 메인에 노출될 수 있었던 이유를 찾아낼 수 있다면 본인의 채널도 메인노출 될 가능성이 충분하다고 볼 수 있다.

3-1. 참고

인기 에디터들은 이미 오랜 시간 운영해왔기 때문에 콘텐츠를 기획하는 데는 참고가 될 수 있지만, 새롭게 시작하는 입장에서는 큰 도움이 되지 않는다. 과거 노출 내역을 확인해 메인노출 이력이 짧으면서 비교적 최근에 메인노출되고 있는 에디터들을 찾아야 한다. 이런 이들이 많을수록 메인노출의 기회가 많은 곳이라 볼 수 있으며, 반대로 몇몇 인기 에디터들의 콘텐츠만 반복적으로 노출되고 있다면 메인노출 가능성이 낮은 곳이라고 볼 수 있다.

3-2. 진행

01 주제판 최하단의 "[더보기]지난 ㅇㅇ 콘텐츠를 모아보세요!"를 누른다.

02 날짜를 선택해 지난 노출 내역을 살펴본다.

〈, 〉 아이콘을 클릭하면 하루씩 날짜를 앞뒤로 변경할 수 있고, 달력 날짜를 클릭하면 날짜를 지정할 수 있는 달력이 표시된다.

03 날짜를 바꿔가며 최대한 많은 콘텐츠들을 살펴본다.

04 적합한 에디터를 찾았다면 운영기간(❶)과 메인노출 횟수(❷)를 확인해본다.

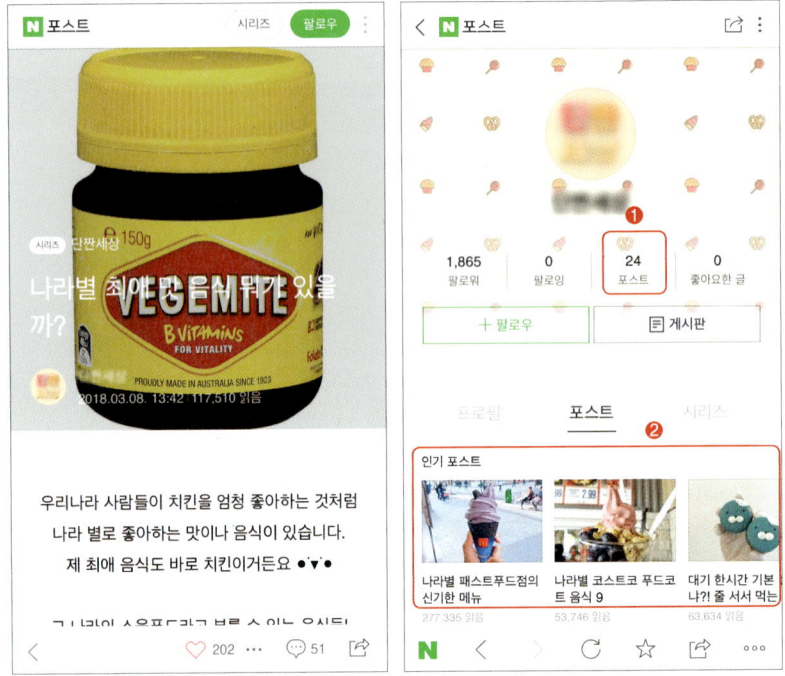

05 이 과정을 반복하면서 참고할만한 신규 에디터들을 3명 이상 찾아본다.

3-3. 분석

푸드판은 메인도전 이벤트를 진행하고 있어 메인노출의 기회는 전반적으로 많은 편이지만, 대부분 '레시피'에 국한되며 일부 전문 에디터들의 콘텐츠가 주로 노출되고 있다. 그러나 특정한 음식이나 주제에 집중해서 성과를 내고 있는 에디터가 있어서 충분히 해볼 만하다. 단기간에 노출되기는 어렵겠지만, 꾸준히 운영할 경우 충분히 가능성이 있을 것이다. 건강판의 경우 일부 인기 에디터나 병원 등 전문 기관들의 콘텐츠가 대부분이라 쉽지 않을 것으로 보이며, FARM판 역시 식재료 콘텐츠의 대부분을 자체적으로 생산하고 있어 당장은 어려울 것 것으로 분석할 수 있다.

LESSON 02

주제판 상세 분석하기

주제판에 대한 이해도가 높을수록 메인노출 확률이 올라가기 때문에 목표 주제판 설정 후 반드시 자세한 분석 과정을 거쳐야 한다. 공식적인 가이드가 존재하는지, 인기 콘텐츠는 무엇인지, 실제로 작성할 수 있는 콘텐츠는 무엇인지 체크하면 메인노출에 한 걸음 더 가까이 다가갈 수 있다.

1 _ 공식 정보 확인하기

주제판 상세 분석 시 가장 먼저 확인해야 할 것은 공식 정보다. 대부분의 주제판이 공식 블로그를 운영하고 있으니 이를 통해 주제판의 편집방향, 운영원칙, 메인노출 이벤트 등을 체크해보자. 특히 합작회사가 운영하는 주제판은 명확한 편집방향을 안내하고 있기 때문에 이를 체크하면 메인노출 확률을 높일 수 있다. 반면 네이버가 운영하는 주제판은 공식 블로그를 운영하지 않는 곳도 있으니 참고하자.

1-1. 참고

간혹 주제판 운영원칙에 위배되는 콘텐츠가 메인에 노출되기도 한다. 그러나 이는 특수한 경우이니 절대로 참고해서는 안 된다. 그런 예외 사항을 기준으로 운영했다가는 언제든 문제가 생길 수 있다. 주제판에서 제공하는 메인노출 이벤트가 있다고 해서 이 분석 과정을 멈추고 거기에만 뛰어들어서도 안 된다. 우리는 한 두 번의 메인노출이 아닌 장기적인 관점에서 채널을 운영하려는 것이기 때문에 꾸준히 주제판을 분석하는 과정이 필요하다.

1-2. 진행

01 PC 메인의 관심있는 주제판을 누르고(❶) [공식 블로그(❷)]를 눌러 해당 주제판의 공식 블로그로 이동한다.

02 '공식 블로그' 링크를 제공하지 않을 경우 공식 블로그를 운영하지 않는 것이니 공식 정보 확인 단계를 건너뛰어도 된다.

03 합작회사가 운영하는 주제판은 합작회사명(❶)을 누르면 해당 주제판의 운영원칙을 바로 확인할 수 있다.

04 네이버가 운영하는 주제판은 메인노출 이벤트 공지를 통해 운영원칙을 유추할 수 있다.

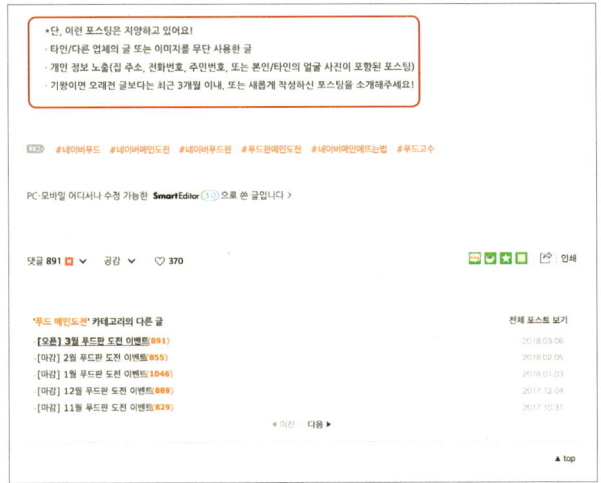

1-3. 분석

네이버에서 직접 운영하는 푸드판은 별도의 운영원칙을 안내하고 있지 않다. 그러나 메인도전 이벤트를 통해 콘텐츠 선정 기준을 제시하고 있으니 이것을 참고하면 된다. 합작회사가 운영하는 주제판들처럼 상세하게 안내하고 있지는 않지만 핵심은 명확하다. 타인의 저작권을 침해하지 않으면서 개인정보를 노출하지 않는 콘텐츠를 지향한다는 것이다. 메인 도전 이벤트도 진행 중인데, 이는 향후 본격적인 콘텐츠를 작성할 때 다시 한 번 체크하도록 하자.

2 _ 인기 콘텐츠 분석하기

공식 정보를 상세히 확인했다면 인기 콘텐츠를 분석해보자. 네이버 메인에는 다양한 콘텐츠가 노출되고 있지만, 모든 콘텐츠가 똑같이 인기 있는 것은 아니다. 소재에 따라, 소재를 풀어내는 방식에 따라, 노출된 위치에 따라 조회수나 독자들의 반응은 큰 차이를 보인다. 인기 콘텐츠 분석 과정을 통해 이 부분들을 종합적으로 따져보고 인기 있는 콘텐츠에 대한 감을 키워야 한다.

2-1. 참고

인기 콘텐츠를 판별하는 기준은 크게 세 가지다.

❶ 자주 소개되는 소재를 다룬 콘텐츠
❷ 주제판 최상단에 자주 배치되는 코너 및 콘텐츠
❸ 조회수가 높거나 독자들의 반응이 좋은 콘텐츠

여기서 독자들의 반응은 공감(하트)수, 댓글수로 판단할 수 있다. 포스트로 작성된 콘텐츠는 조회수를 바로 확인할 수 있으며, 다른 콘텐츠들은 공감과 댓글을 종합해 확인하면 된다. 일반적으로 댓글보다 공감이 높은 콘텐츠가 반응이 좋은 콘텐츠다. 물론 주제에 따라 공감수와 댓글수가 모두 높을 수도 있다.

2-2. 진행

01 지난 콘텐츠 보기 화면으로 들어간다.

02 각각의 콘텐츠를 선택해 조회수(❶), 공감수(❷), 댓글수(❸)를 확인한다.

03 댓글수 아이콘(💬)을 클릭하여 독자들의 반응도 확인해 본다.

04 참고할만한 콘텐츠는 공유하기 아이콘( ) 을 클릭해 별도의 채널에 저장해둔다.

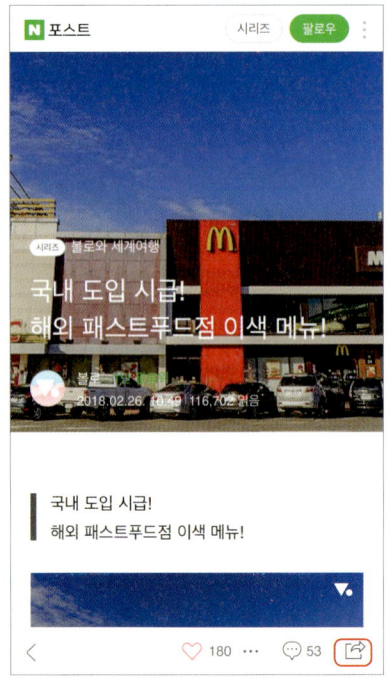

2-3. 분석

최근 한 달을 기준으로 분석했을 때 주로 레시피나 맛집 콘텐츠가 메인에 자주 노출되었지만, 실제로 독자들의 반응이 뜨거웠던 콘텐츠는 새롭게 출시된 음식이나 우리가 미처 몰랐던 독특하고 새로운 음식 등 음식에 대한 흥미로운 콘텐츠들이었다. 이처럼 인기 있는 콘텐츠를 분석할 때는 무작정 메인에 자주 노출되는 주제만 작성하려고 하기 보다는 독자들의 반응까지 잘 살펴서 좋은 성과를 거둘 수 있는 콘텐츠를 목표로 잡아야 한다.

3 _ 작성 가능 콘텐츠 파악하기

인기 콘텐츠 분석을 마쳤다면 그 중에서 본인이 실제로 작성할 수 있는 콘텐츠를 확인해야 한다. 아무리 인기 있고 흥미로운 콘텐츠라 하더라도 작성할 수 있는 여건이 안 된다면 깨끗하게 포기하고, 현재 본인의 상황에서 수월하게 작성할 수 있는 콘텐츠에 집중하는 것이 좋다. 무리해서 억지로 시작하면 중간에 지쳐 포기할 수 있으니 본인의 상황에 최대한 맞춰 시작하도록 하자.

3-1. 참고

작성 가능한 콘텐츠를 파악하다보면 앞서 살펴본 인기 콘텐츠의 범주를 완전히 벗어나게 될 수도 있다. 그러나 채널 운영에서 가장 중요한 것은 '자기만의 색깔'을 담은 콘텐츠를 '꾸준히' 작성하는 것이기 때문에 일단 본인이 할 수 있는 콘텐츠에 집중해야 한다. 인기 콘텐츠는 독자의 선택에 의해 만들어지며 독자의 취향은 조금씩 달라지기 마련이니 여기에 너무 얽매여서는 안 된다. 지금은 앞서 파악한 인기 콘텐츠가 주류일 수 있지만, 기존의 패턴과 소재에 독자들이 염증을 느끼게 된다면 새로운 콘텐츠를 찾을 수밖에 없다. 자신의 자리에서 가장 잘 할 수 있는 것을 차근차근 준비한다면 분명 좋은 기회가 올 것이다.

3-2. 진행

01 앞서 살펴본 인기 콘텐츠들을 확인한다.

02 본인이 작성할 수 있는 콘텐츠인지 고민해 본다.

03 비슷한 콘텐츠의 사례를 다양하게 찾아본다.

  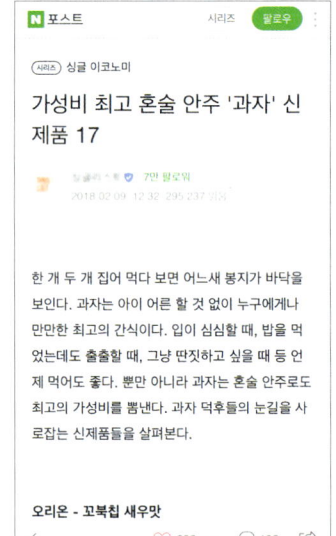

3-3. 분석

푸드판의 경우 다행히 인기 콘텐츠와 작성 가능한 콘텐츠가 동일하다. 그러나 상대적으로 해당 콘텐츠의 메인노출 비중이 적어 치열한 경쟁이 예상된다. 이미 뉴스, 매거진 등 전문 매체들이 인기있는 푸드콘텐츠들을 만들어내고 있기 때문에, 메인노출을 위해서는 전문매체 이상의 정보력을 갖추거나 더욱 색다르고 흥미로운 콘텐츠를 선보여야 한다. 그러나 그들 이상의 정보력을 갖추는 것은 사실상 어려우니 콘텐츠 기획에 더욱 공을 들여야 할 것이다.

LESSON

벤치마킹 진행하기

주제판 분석이 끝났다면 벤치마킹을 통해 본인의 블로그나 포스트 운영에 참고할만한 정보를 수집해야 한다. 인기 에디터들은 콘텐츠를 어떻게 기획하며 채널을 어떻게 활용하고 있는지 확인한 후 이를 참고해 본인만의 차별화된 컨셉을 기획해보자.

1 _ 인기 에디터 벤치마킹하기

인기 에디터를 파악하는 방법에는 여러 가지가 있지만 그 중 가장 빠른 것은 바로 네이버 포스트 홈을 방문하는 것이다. 이곳에서는 실시간 인기 콘텐츠와 인기 에디터를 확인할 수 있으며, 분야별로 구분해 볼 수도 있어서 벤치마킹 후보를 가장 쉽고 빠르게 확인할 수 있다.

1-1. 참고

인기 에디터들을 분석할 때 간과해서는 안 되는 것이 있다. 그들은 이미 메인에 자주 노출되고 있는 에디터라는 것이다. 그들이 콘텐츠를 잘 만들든 못 만들든, 홍보성이 짙든 아니든 그들은 이미 어느 정도의 신뢰가 형성되어 있기 때문에 사소한 실수나 문제가 있어도 메인노출에는 별다른 영향이 없다. 그러니 주제판의 운영원칙에서 벗어나는 그들의 '예외'를 볼 것이 아니라 다른 이들보다 뛰어난 '강점'을 봐야 한다. 어떤 에디터는 제목이나 대표 이미지 선정에 탁월할 수 있고, 다른 에디터는 깔끔한 구성과 높은 완성도가 강점일 수 있다. 각 에디터의 강점을 따온다는 생각으로 본받을만하다고 생각하는 부분들을 체크해보자.

1-2. 진행

01 포스트 홈(http://post.naver.com)에서 푸드 항목을 선택한다.

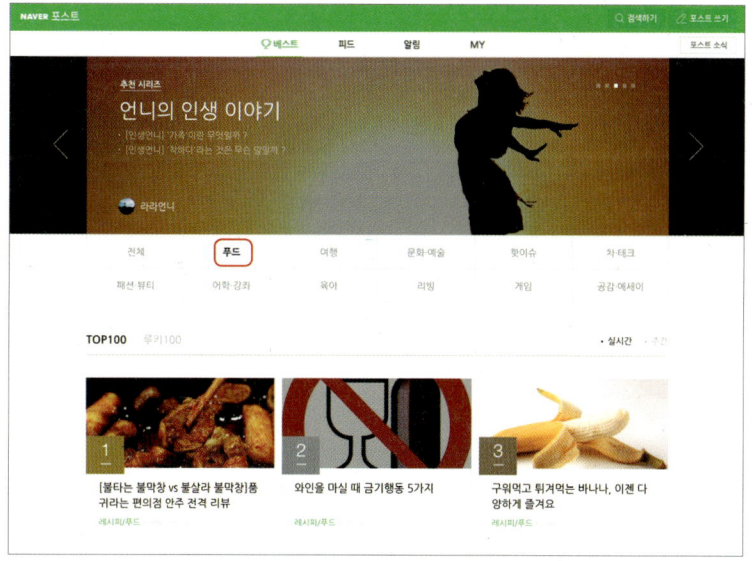

02 화면을 아래로 내린 후 "인기에디터를 만나보세요" 우측의 [더보기] 항목을 누른다.

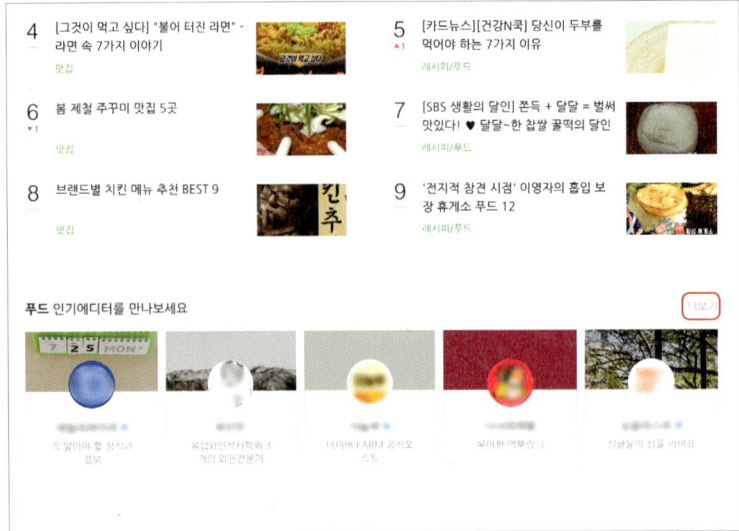

03 인기 에디터 리스트를 확인한다.

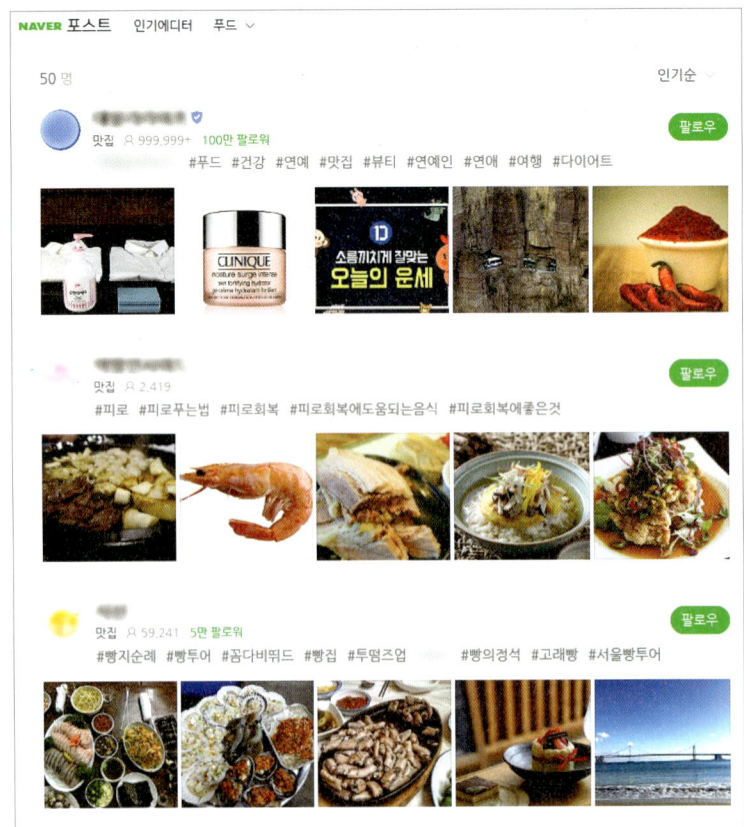

04 각각의 포스트를 클릭해 참고할만한 부분들을 살펴본다.

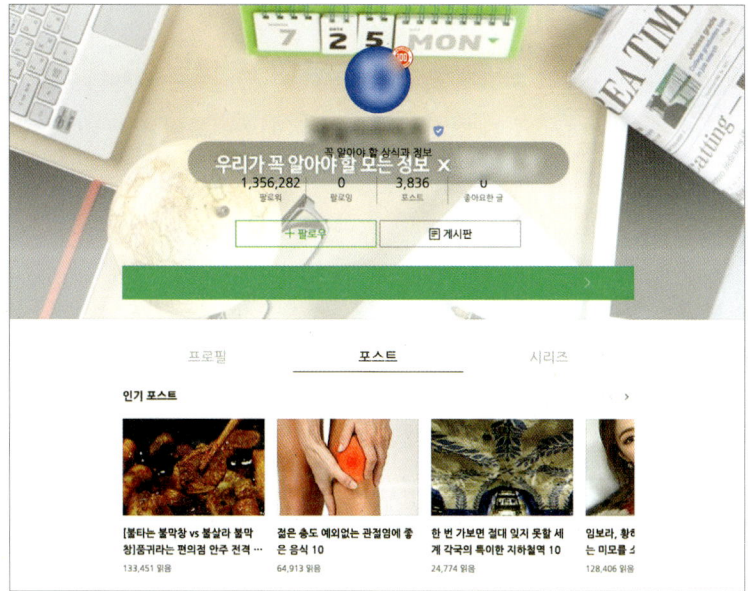

1-3. 분석

인기 에디터들에게서 참고할 만한 부분은 다섯 가지 정도였다.

❶ 누가 보아도 인정할 만큼 완성도 높은 콘덴츠를 직싱한다.
❷ 비슷한 내용이라면 제목과 대표이미지에 차이를 둔다.
❸ 흔한 내용이라도 각색을 통해 특별한 콘텐츠인 것처럼 보이게 한다.
❹ 이미 메인에 노출된 콘텐츠의 다른 버전을 제작해 본다.
❺ 양질의 콘텐츠를 대량으로 생산한다.

이런 특징들은 단지 푸드 콘텐츠에 국한되지 않을 것이며, 이 중 하나라도 잘 적용할 수 있다면 그것만으로 충분히 의미가 있다.

2 _ 채널 활용성 점검하기

인기 에디터 분석을 통해 그들이 채널을 어떻게 운영하고 있는지 확인했을 것이다. 개인이나 자체 상품이 없는 기업이라면 전문 미디어로, 자체 상품이 있는 기업이라면 공식 콘텐츠 채널로 운영하는 것이 일반적이지만 저마다 채널을 활용하는 방법은 조금씩 다르다. 어떻게든 채널을 키우기만 하면 쓸모가 있을 것이라고 생각하기 쉬운데, 실제로 많은 에디터들이 그런 생각으로 운영을 시작했다가 결국은 중단하게 되는 경우가 꽤 많다. 다양한 사례를 참고해 본인만의 청사진을 그려보는 것이 좋다.

2-1. 참고

아무리 메인노출의 기회가 있다 하더라도 채널을 어떻게 활용할지에 대한 계획이 없다면 섣불리 시작해서는 안 된다. 명확한 목표가 있고 참고할 만한 사례 역시 충분히 확인했다면 이 과정을 건너뛰어도 되지만, 여전히 막연하다고 생각된다면 보다 다양한 사례를 찾아보고 참고하는 것이 좋다. 채널을 운영하다가 중단하면 아무 소용이 없다. 메인노출 마케팅은 단 기간에 성과를 낼 수 있는 방법이 아니기 때문에 최소 6개월 이상 꾸준히 운영한다는 생각으로 진행하도록 하자.

2-2. 진행

01 포스트 홈에서 본인이 목표로 하는 주제의 인기 콘텐츠들을 확인한다.

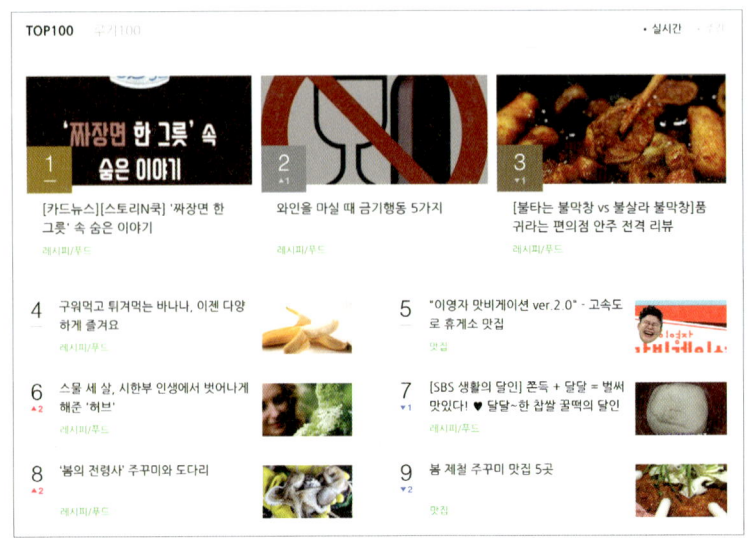

02 각각의 콘텐츠를 확인하면서 그들이 채널을 어떻게 활용하고 있는지 살펴본다.

03 최대한 많은 포스트를 방문해 그들이 채널 운영을 통해 얻는 것이 무엇일지 생각해본다.

2-3. 분석

개인과 기업을 통틀어 채널을 활용하는 방법은 크게 3가지 형태를 보이고 있었다.

❶ 팔로워를 이미 충분히 확보해 메인노출 없이도 많은 사람들에게 영향력을 갖고 있다.
❷ 메인노출될 수 있는 기회를 최대한 많이 만들어 그것을 채널의 강점으로 내세운다.
❸ 팔로워 수나 메인노출 빈도는 적어도 콘텐츠 완성도에 집중해 채널의 전문성을 강화한다.

지금의 상황에서는 마지막 세 번째 형태가 참고하기에 적합할 것으로 보인다.

3 _ 차별화된 컨셉 결정하기

네이버 메인을 목표로 하는 이들은 많지만 명확한 컨셉을 가진 경우는 드물다. 채널명을 적당히 정한 다음 누구나 작성할 수 있을 법한 대중적인 콘텐츠를 무식할 정도로 꾸준히 올리는 경우가 대부분이다. 그러나 이렇게 해서는 네이버 메인에 노출되기 힘들다. 비슷하지만 더 좋은 콘텐츠를 생산하는 인기 에디터들이 넘치는 상황에서 이런 채널의 콘텐츠를 선택할 이유가 없기 때문이다. 따라서 차별화된 컨셉을 결정하는 과정이 반드시 필요하며, 이를 제대로 확립해야 독자는 물론 편집자에게도 선택을 받을 수 있다.

3-1. 참고

가장 좋은 컨셉은 남들과 겹치지 않는 것이다. 이미 특정 분야의 전문 에디터라고 하는 이들이 차고 넘치기 때문에 그 속에서 자기 채널을 어떻게 차별화하느냐에 따라 성과가 달라진다. 차별화 포인트에는 여러 가지가 있다. 자신에게 남다른 이력이 있다거나, 남다른 장소에 거주한다거나, 남다른 콘텐츠를 만들 수 있다면 그것을 강점으로 내세우면 된다. 이미 비슷한 컨셉의 에디터가 있다고 해도 상관없다. 비슷하지만 좀 더 고급스럽게 포장을 해도 되고, 겹치고 싶지 않다면 좀 더 분야를 세분화해서 접근해도 된다. 일단 자리를 잡고 나면 언제든 확장할 수 있기 때문에 시작할 때는 좁은 분야에 집중하는 것이 오히려 도움이 될 수 있다. 물론 이를 잘 실행하기 위해서는 장기적인 계획이 필요하다.

3-2. 진행

01 포스트 홈 메인에서 [루키100]을 선택하면 신규 에디터들의 콘텐츠를 확인할 수 있다.

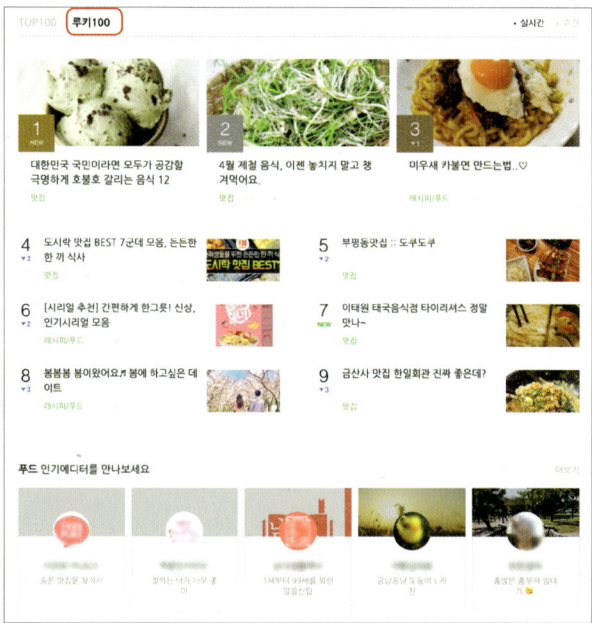

02 신규 에디터들 중에서 참고할만한 컨셉이 있는지 살펴본다.

03 눈에 띄는 것이 없다면 상단의 [푸드] 메뉴를 눌러 다른 분야의 사례도 참고한다.

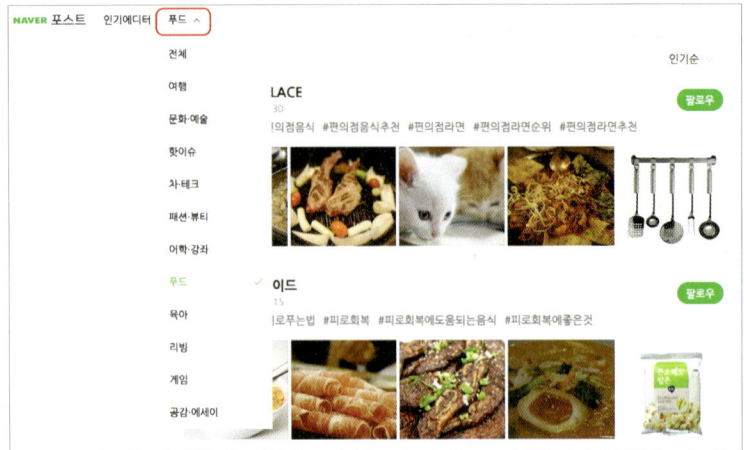

04 신규 포스트 에디터가 모두 나열되기 때문에 홍보성 채널이 보일 수 있지만 신경 쓰지 않아도 된다.

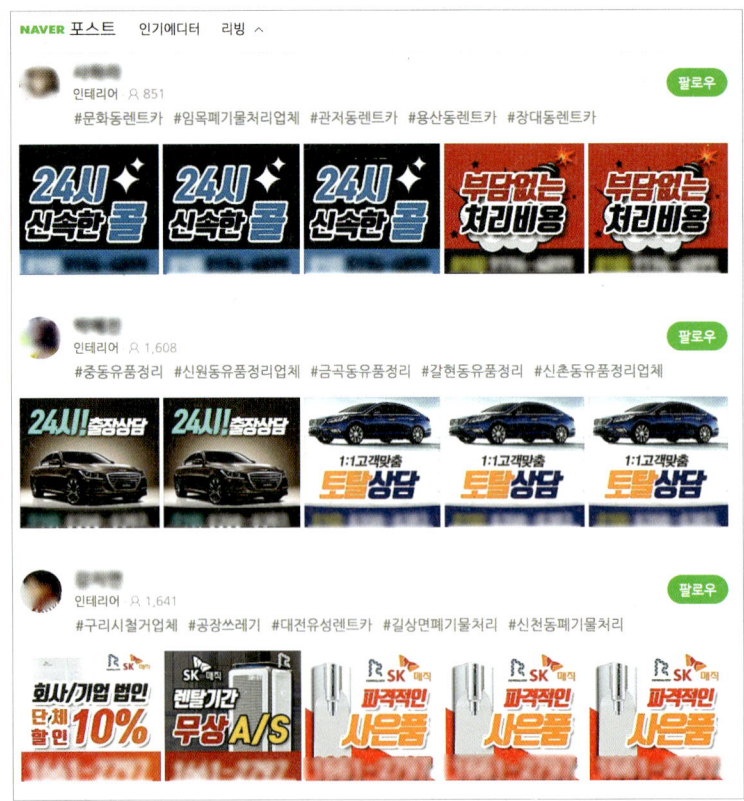

05 가능하면 컨셉이 명확한 채널을 찾아 참고하도록 한다.

3-3. 분석

생각보다 참고할만한 사례가 많지 않았다. 관련 블로그들도 확인해봤지만 특별히 눈에 띄는 컨셉은 찾을 수 없었다. 차라리 잘된 일이다. 그만큼 파고들 틈이 있는 것이기 때문이다. 대부분의 에디터들이 특별한 컨셉 없이 푸드 관련 콘텐츠만 올리고 있지만 여기에 명확한 컨셉으로 새롭게 채널 운영을 시작한다면 분명 승산이 있을 것이다. 웬만해서는 먹어볼 수 없는 식재료를 소개한다는 컨셉으로, 잘 알려지지 않은 식재료에 관한 흥미로운 이야기를 하나씩 연재해 보면 어떨까? 추후 확장을 위해 타이틀은 어느 정도 유연하게 짓는 것이 좋을 것이다.

LESSON 04

활용 서비스 및 운영 방식 정하기

이제 모든 분석이 끝났다. 블로그와 포스트 중 어떤 채널을 활용할지, 운영 방식은 어떻게 할지 최종적으로 확정한 후 분석 보고서 작성을 끝으로 이번 챕터를 마무리하겠다.

1 _ 활용 서비스 결정하기

선택할 수 있는 서비스는 크게 3가지다. 블로그, 포스트, 폴라 이 세 가지 중 목표로 하는 주제판에 가장 적합한 것으로 선택하면 된다. 앞선 분석 과정에서 어떤 서비스를 통해 노출되는 글이 많았는지를 확인해보자. 블로그와 포스트가 가장 널리 사용되지만, 주제판에 따라 특정 서비스의 글이 더 많이 노출되는 경우가 있으니 참고해야 한다.

1-1. 참고

각 주제판에서 선호하는 서비스가 따로 있다고 해도 블로그와 포스트는 서비스의 본질이 다르기 때문에 이 점에도 유의해서 결정해야 한다. 블로그는 이웃간의 소통, 포스트는 전문 콘텐츠 유통이 목적인 서비스이니 본인의 운영 목적에 적합한 서비스를 선택하도록 하자.

1-2. 진행

01 주제판에서 가장 많이 노출되는 서비스를 확인한다. 푸드 주제판의 경우 블로그 콘텐츠가 메인에 자주 노출되었다.

02 본인이 작성하게 될 콘텐츠는 주로 어떤 서비스를 통해 노출되는지 확인한다.

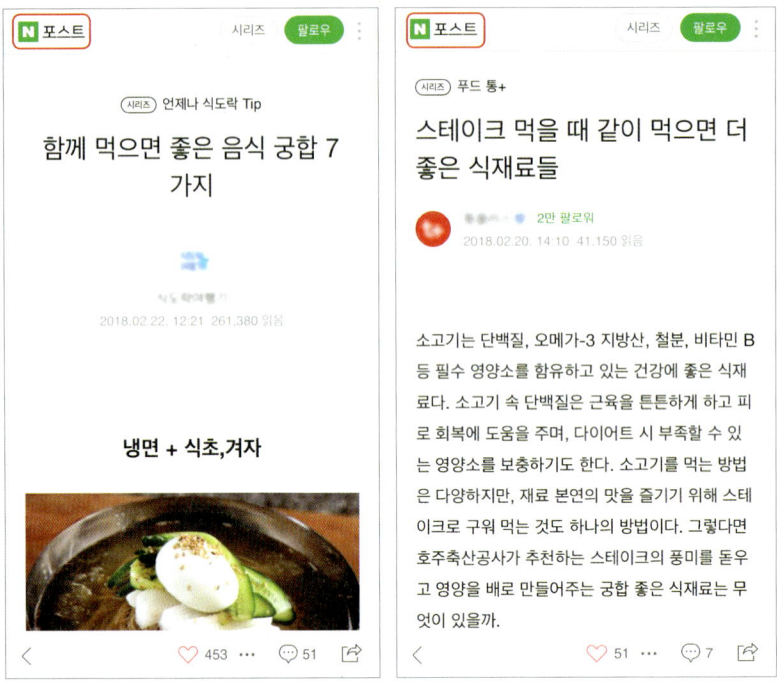

03 다양한 콘텐츠를 확인하며 적합한 서비스를 최종 결정한다.

1-3. 분석

푸드판에서 가장 높은 비중을 차지하는 서비스는 블로그다. 그러나 대부분은 이미 기존에 꾸준히 블로그를 운영하고 있었던 경우였고, 레시피나 맛집 등을 다루고 있어 현재 목표로 하는 콘텐츠와는 방향이 다른 것으로 판단된다. 특정 분야에 집중해 전문 콘텐츠를 작성하기 위해서는 포스트가 더욱 적합해 보이며, 포스트 홈에서도 관련 사례들을 확인할 수 있었기 때문에 포스트를 이용해 채널을 운영하는 것이 바람직할 것으로 보인다.

2 _ 운영 방식 결정하기

운영 방식을 결정하는데 있어 가장 중요한 것은 무리하지 않는 것이다. 상위노출과 달리 메인노출은 양보다 질이 중요하기 때문에 천천히 만들더라도 콘텐츠의 완성도를 높여야 한다. 물론 어설픈 콘텐츠로도 메인노출이 가능하다. 그러나 우리의 궁극적인 목표는 브랜딩, 다시 말해 잠재 독자들에게 긍정적인 반응을 이끌어내는 것이기 때문에 단순히 메인노출 뿐 아니라 그 완성도에도 공을 들여야 한다. 무작정 콘텐츠를 올리고 채널 운영을 시작할 것이 아니라, 꾸준히 업데이트할 수 있도록 콘텐츠를 미리 쌓아둔 다음 시작하는 것이 좋다.

2-1. 참고

콘텐츠를 발행하는 시간은 사실상 큰 차이가 없다. 이웃이나 팔로워가 적을 경우 언제 발행하더라도 유입이 적기 때문에 일정한 시간에 규칙적으로 발행하는 것이 가장 좋다. 콘텐츠별로 발행하는 요일을 정하는 등, 처음에는 일정한 간격으로 발행을 시작해 보자. 월수금, 화목토와 같은 특정 요일을 기준으로 발행하거나 2일 내지는 3일에 한 건씩 발행하는 것을 기준으로 삼아도 된다. 되도록 한 번 정한 발행 패턴은 지켜주는 것이 독자와 편집자의 눈에 들기에 좋다. 다른 채널들은 어떻게 발행하고 있는지 살펴보는 것도 도움이 된다.

2-2. 진행

01 다른 채널들의 업데이트 주기를 참고한다.

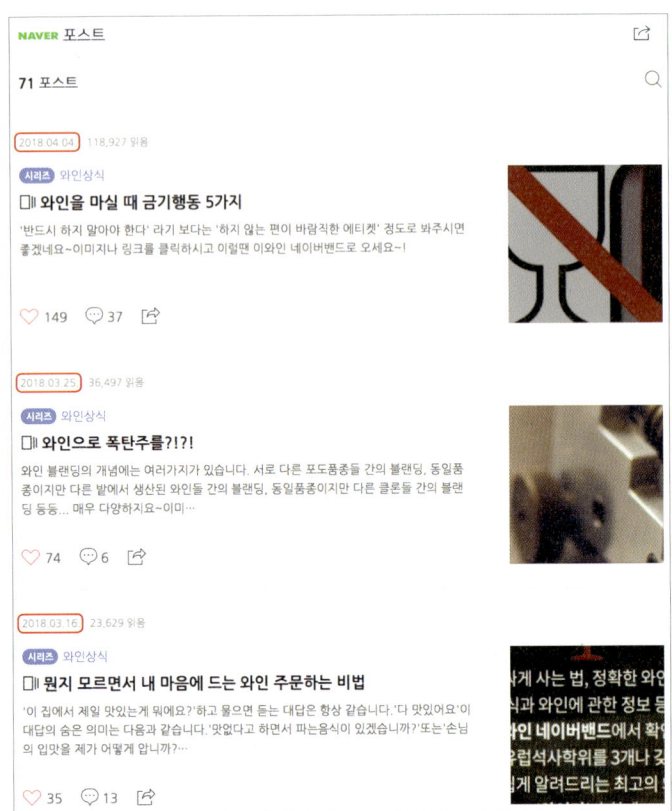

02 본인에게 적합한 발행주기를 정해 콘텐츠를 발행할 수 있도록 계획을 세운다.

03 포스트, 블로그 등 운영할 채널을 개설한다. 여기서는 포스트를 개설해보겠다. 프로필 이미지와 소재글을 작성하고 채널 운영을 준비한다.

04 정기적으로 콘텐츠를 발행하며 채널 운동을 시작한다.

2-3. 분석

이 에디터는 이제 시작하는 입장이기 때문에 자료를 조사하고 콘텐츠를 작성하는데 시행착오를 겪게 될 것이다. 처음에는 무리하지 않고 일주일에 한 건 정도의 콘텐츠를 발행하다가, 추후 여유가 생기면 다시 일정을 조정하는 것도 좋다. 콘텐츠를 미리 작성해두고 예약 발행 기능을 통해 정해진 일자에 맞춰 콘텐츠를 발행하면 더욱 수월하게 운영할 수 있다.

3 _ 분석 보고서 작성하기

드디어 모든 과정이 끝났다. 지금까지 살펴본 내용을 토대로 자기만의 분석 보고서를 작성해 보자. 여기서는 가상의 독자로 설정한 푸드스토리 에디터의 내용을 토대로 작성해 보도록 하겠다. 복잡하게 생각할 것 없다. 분석한 내용을 요약한다는 느낌으로 가볍게 정리하면 된다. 앞으로도 이 내용을 염두에 두고 책을 읽어나간다면 더 큰 도움이 될 것이다. 또한 이 같은 분석은 시간이 지날수록 크게 달라질 수 있기 때문에, 채널 운영을 마음먹었을 때 바로 진행하는 것이 바람직하며 한 달 이상 지난 뒤에는 다시 파악하는 것이 좋다.

구분	개인
분야	푸드
목표 주제판	푸드판
서비스	포스트
채널명	푸드스토리
부제	왠만해선 맛보기 힘든 식재료 이야기
발행주기	주 1회, 매주 수요일

▲ 네이버 메인노출 분석 보고서

- 1단계 : 목표 주제판 설정하기

❶ 후보 주제판 설정하기
- ✓ 푸드판: 레시피, 맛집, 푸드정보
- ✓ 건강판: 식품영양정보
- ✓ FARM판: 식재료정보

❷ 성장가능성 점검하기
- ✓ 푸드판: 네이버 운영
- ✓ 건강판: 네이버 운영
- ✓ FARM판: 합작회사 운영

❸ 메인노출 가능성 점검하기
- ✓ 건강판: 전문기관의 콘텐츠가 대부분이라 쉽지 않아보임
- ✓ FARM판: 자체 콘텐츠의 비중이 높아 어려울 것 같음
- ✓ 푸드판: 레시피 콘텐츠의 비중이 높지만 푸드관련 콘텐츠도 노출 가능

- 2단계 : 주제판 상세 분석하기

❶ 공식 정보 확인하기
- ✓ 운영원칙을 안내하지 않음
- ✓ 메인노출 이벤트 고정적으로 진행 중
- ✓ 이벤트 콘텐츠 작성 시 저작권 침해 금지, 개인 정보 노출 금지를 명시

❷ 인기 콘텐츠 분석하기
- ✓ 최근 한 달 기준, 가장 비중이 높은 것은 레시피 및 맛집 콘텐츠
- ✓ 실제로 반응이 좋은 것은 푸드 관련 정보 콘텐츠
- ✓ 새롭게 출시된 음식, 미처 몰랐던 음식 관련 콘텐츠가 인기

❸ 작성 가능 콘텐츠 파악하기
- ✓ 에디터가 목표하는 콘텐츠와 인기 콘텐츠가 동일
- ✓ 해당 콘텐츠의 영역이 좁아 치열한 경쟁이 예상됨
- ✓ 메인에 노출되기 위해서는 기획력이 중요할 것으로 보임

- 3단계 : 벤치마킹 진행하기

❶ 인기 에디터 벤치마킹하기	❷ 채널 활용성 고민하기	❸ 차별화된 컨셉 결정하기
✓ 완성도 높은 콘텐츠 작성하기 ✓ 제목과 대표이미지에 신경쓰기 ✓ 평범한 콘텐츠는 각색하기 ✓ 메인노출 콘텐츠의 다른 버전을 기획하기 ✓ 양질의 콘텐츠 대량 작성하기	✓ 팔로워를 최대한 확보해 메인노출 의존도 낮추기 ✓ 메인노출을 최대한 많이 만들어 브랜드 강화하기 ✓ 메인노출 횟수는 적어도 완성도 높은 콘텐츠 작성하기	✓ 특별히 참고할만한 사례를 찾을 수 없음 ✓ 오히려 기회라 생각됨 ✓ 웬만해서는 맛보기 힘든 식재료를 소개하는 컨셉으로 결정

- 4단계 : 활용 서비스 및 운영 방식 결정하기

❶ 활용 서비스 결정하기	❷ 운영 방식 결정하기
✓ 푸드판에서는 블로그의 비중이 높음(레시피, 맛집 등) ✓ 푸드 관련 정보 콘텐츠는 대부분 포스트로 작성됨 ✓ 포스트로 최종 결정	✓ 콘텐츠 미리 작성하기 ✓ 초기에는 격주로 콘텐츠 발행 ✓ 포스트 개설

| Chapter | 03

메인노출 콘텐츠 작성하기

Lesson 01 메인노출 콘텐츠의 특징
Lesson 02 확률을 높이는 콘텐츠 기획법
Lesson 03 독자를 배려한 콘텐츠 구성법
Lesson 04 메인노출 콘텐츠 작성법

LESSON

메인노출 콘텐츠의 특징

앞서 살펴본 레슨을 통해 원하는 주제판을 제대로 분석했다면 메인노출된 콘텐츠를 관통하는 몇 가지 특징을 파악할 수 있었을 것이다. 이번 레슨에서는 그 부분을 크게 3가지로 정리해 소개한다. 한편으로는 너무 당연한 것이라고 생각할 수 있지만 여전히 많은 사람들이 놓치고 있는 부분이니 반드시 짚고 넘어가도록 하자.

1 _ 믿을 수 있는 콘텐츠

네이버 메인에 노출되는 것은 국내 메이저 언론사에 소개되는 것 이상의 의미를 지니고 있다. 다른 것은 몰라도 조회수와 주목도에 있어서는 여느 언론사를 압도한다. 손꼽히는 파급력을 행사하는 종합 매체인 셈이다. 일각에서는 이런 네이버의 영향력 때문에 네이버를 하나의 언론사로 보고 있기도 하다.

따라서 주제판별 편집자의 메인노출 콘텐츠 선정은 신중해야 하며, 신중해 질 수밖에 없다. 언론이 팩트를 기반으로 기사를 작성하듯, 그들 역시 믿을 수 있는 출처의 콘텐츠를 엄선해 메인에 배치한다. 메인노출 콘텐츠는 네이버에 있어 분야별 1면 기사이기 때문이다.

물론 사람이 하는 일이기 때문에 신뢰도가 낮은 콘텐츠가 메인에 노출될 수도 있다. 하루에도 수천 개의 콘텐츠가 쏟아지는 상황에서 '진짜 콘텐츠'를 찾기란 백사장에서 바늘을 찾는 것만큼이나 어려운 일이기 때문이다. 하지만 기본적인 방침은 '신뢰도 우선'이니, 우리는 이를 바탕으로 메인노출을 이해해야 한다.

 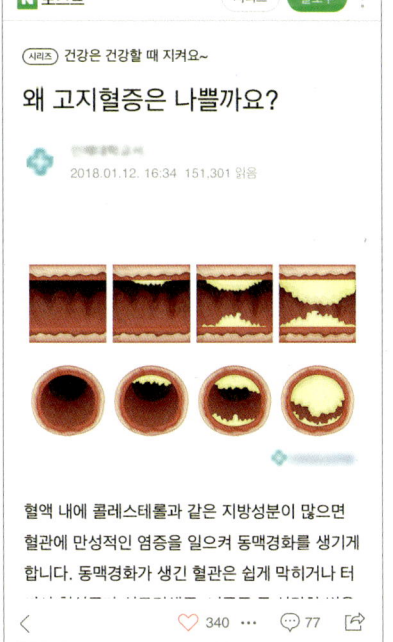

▲ 믿을 수 있는 에디터가 작성한 콘텐츠

▲ 믿을 수 있는 출처를 바탕으로 작성된 콘텐츠

믿을 수 있는 콘텐츠는 크게 두 부분으로 구성된다. 첫째는 믿을 만한 출처를 바탕으로 작성된 콘텐츠이며, 둘째는 믿을 수 있는 에디터가 작성한 콘텐츠다. 이 두 가지를 모두 갖춰야 메인에 노출될 확률이 높아지며 실제로 메인에 노출되는 콘텐츠들은 이 같은 특성을 갖추고 있다. 네이버 메인 곳곳에는 뉴스, 기사가 자주 소개되는데, 그 이유에는 여러 가지가 있지만 '믿을 수 있는 에디터가 생산한 콘텐츠'인데다 대부분의 경우 '출처와 근거'가 분명하기 때문이기도 하다.

먼저 믿을 수 있는 에디터에 대해 이야기 해보자. 우리는 같은 정보라도 누가 그 정보를 전달하느냐에 따라 다르게 받아들인다. 의사가 말하는 건강 정보와 옆집 아저씨가 말하는 건강 정보는 그 내용이 동일하다고 하더라도 신뢰의 정도가 다를 수밖에 없다. 하지만 옆집 아저씨가 과거에 관련 경력과 경험이 있고 실제로 이와 관련된 활동을 꾸준히 해왔다면 의사의 말 만큼이나 신뢰가 갈 수도 있다.

다음은 믿을 수 있는 출처다. 아무리 믿을 수 있는 에디터가 작성한 콘텐츠라 하더라도 단순히 본인의 얕은 경험에 의존한 추측일 뿐이라면 설득력이 떨어질 수밖에 없다. 물론 해당 분야로 오랫동안 전문성을 쌓으면서 자타공인 전문가로 인정받고 있다면 다를 수 있지만, 그렇다하더라도 특정 정보를 전달하기 위해서는 충분한 근거가 반드시 필요하다. 단, 주제판에 따라 상황은 다를 수 있다. 전문 정보를 제공하는 건강판이 아닌 개인의 다양한 경험을 제공하는 리빙판처럼 말이다.

프로멘토의 노하우 | 믿을 수 있는 콘텐츠를 작성하려면?

콘텐츠를 작성할 때는 출처가 어디인지, 믿을 수 있는 내용인지를 분명히 파악해야 한다. 출처는 국내일수도 있고 해외일수도 있기 때문에 다방면으로 검증해야 한다. 믿을 수 없는 출처를 바탕으로 작성한 글이 메인에 노출된 후, 그것이 거짓으로 밝혀진다면 메인노출은 에디터에게 오히려 악재로 작용할 수 있다. 때문에 흥미로운 정보가 있다고 하더라도 출처가 명확하지 않거나 근거가 부족하다면 아예 작성하지 않는 것이 좋다.

이런 기본기를 바탕으로 꾸준히 콘텐츠를 작성하다보면 자연스럽게 믿을 수 있는 에디터가 될 수 있다. 기업이 자사의 전문 분야에 대한 콘텐츠를 작성한다면 신뢰도를 더욱 높일 수 있으며, 개인 역시 해당 분야에 대한 커리어가 충분하고 이미 관련 분야로 콘텐츠를 꾸준히 작성해왔다면 분명한 전문성을 구축할 수 있다.

---

2 _ 잘 기획된 콘텐츠

인기 있는 콘텐츠의 유형과 시기별로 주목도가 높은 주제들은 어느 정도 정해져있기 때문에 특정 시기에는 비슷한 콘텐츠가 넘쳐나게 된다. 그에 반해 네이버 메인이라는 공간은 한정되어 있어 메인에 노출되는 콘텐츠는 그 많은 콘텐츠 중 극소수에 불과하다.

어쩌다 운 좋게 본인의 콘텐츠가 노출될 수도 있지만, 누구나 생각할 수 있는 콘텐츠는 분명 본인보다 더 빨리, 더 잘 쓸 수 있는 에디터가 존재한다는 사실을 잊어선 안 된다. 하나의 콘텐츠를 작성하는 데는 적지 않은 시간과 노력이 들어가기 때문에 성과를 높이기 위해서는 애초부터 요행을 바라지 않고 전략적으로 접근해야 한다.

참고할 만한 몇 가지 사례들을 살펴보자. 리빙판의 메인도전은 매달 새로운 키워드를 제시해 양질의 콘텐츠 작성을 유도하고 이를 메인에 소개해주는 이벤트다. 수십 수백 개의 비슷한 콘텐츠가 쏟아지는 상황에서 편집자들은 과연 어떤 콘텐츠를 선택할까? 물론 내부 기준이 있겠지만 이런 상황에서 노출 확률을 조금이라도 높이기 위해서는 다른 콘텐츠들과는 다른, 눈에 띄는 부분이 있어야 한다. 제목, 대표이미지, 내용 구성 중 어느 한 부분에서라도 남들과는 다른 시각이 필요한 것이다.

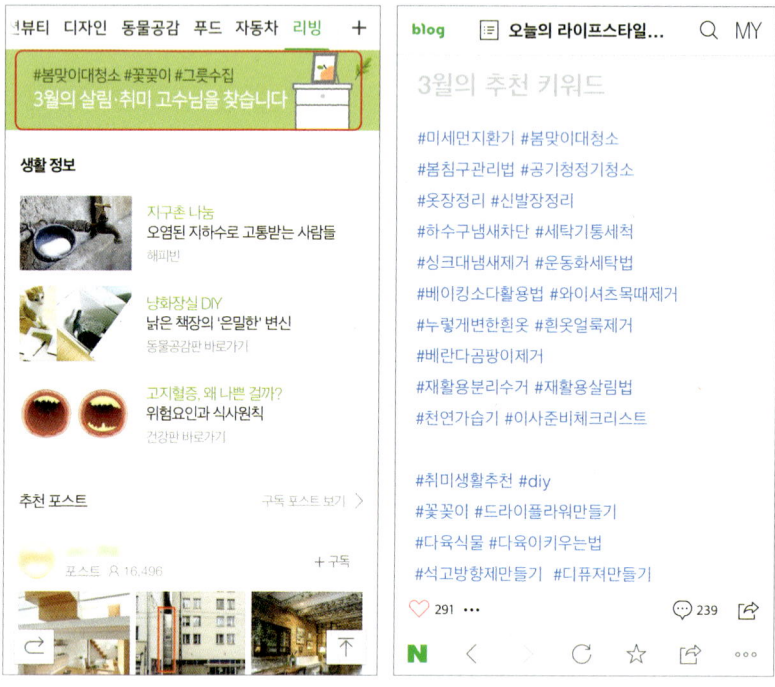

▲ 매달 추천 키워드를 제시하는 리빙판

여기에 좋은 사례가 하나 있다. 키워드로 제시된 #베이킹소다활용법에 관한 콘텐츠인데, 냄비를 세척하는 하나의 방법만 제시한 것이 아니라 두 가지 방법을 비교하면서 소개하고 있다. 비슷한 콘텐츠가 넘치는 상황에서 이렇게 한 번 더 생각해서 작성한 콘텐츠가 편집자의 눈길 끄는 것은 당연한 일이다. 콘텐츠가 메인에 노출되는 이유와 경로에는 여러 가지가 있어 단언할 수는 없지만, 적어도 지금의 상황에서는 다른 콘텐츠들보다 더 뛰어난 기획력이 메인노출을 가능하게 했을 것이 분명하다.

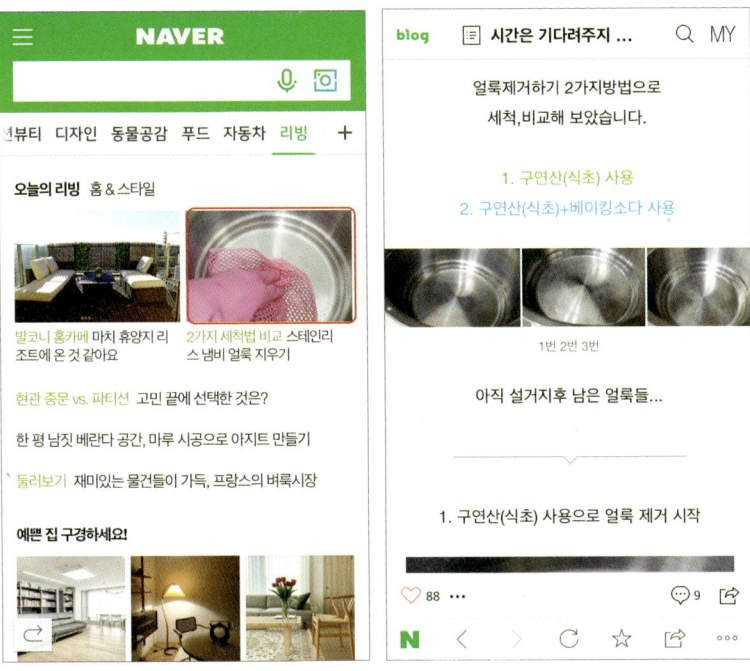

▲ 두 가지 세척법을 비교한 기획 콘텐츠

다양한 주제판 중에서도 영화판은 기획 콘텐츠의 비중이 상대적으로 높은 편이다. 이번에 살펴볼 사례는 과거에 히트쳤던 콘텐츠를 다시 소개하는 코너에 소개된 것으로 영화를 좋아하는 이들이라면 확실히 관심을 가질만한 내용을 다루고 있다. '본명보다 캐릭터명이 먼저 떠오르는 배우'와 같은 주제는 '맡은 배역과 실제 성격이 유사한 배우', '맡은 배역과 실제 성격이 전혀 다른 배우', '비슷한 캐릭터를 자주 연기하는 배우', '매번 다른 캐릭터를 연기하는 배우'처럼 유사한 주제로 확장해 볼 수도 있을 것이다.

▲ 기획형 콘텐츠의 비중이 높은 영화판

Chapter 03_메인노출 콘텐츠 작성하기 109

히어로 영화가 인기를 끌면서 이와 관련된 기획도 자주 눈에 띈다. 기존에 존재하던 정보들을 새로운 시각으로 엮어내는 형태가 많은데, 다음 콘텐츠의 경우 관련 영화를 본 사람이라면 누구나 관심을 가질만한 내용을 다루고 있다. 이런 형태의 콘텐츠를 기획하면 다른 에디터들과의 경쟁이 상대적으로 덜 치열하다는 장점이 있다. 이런 콘텐츠들은 기획력 하나만으로 메인 노출 되기도 한다.

네이버 메인은 경쟁이 치열한 곳이다. 본인과 비슷한 생각을 하는 에디터들이 많기 때문에 다른 이들의 접근법과 일반적인 특성까지도 파악해야 우위에 설 수 있다. 향후 소개할 주제판 편집자의 특성을 고려해야 하는 것은 물론이다. 치열한 기획 없이 단순히 '이렇게 하면 되겠지'하는 식으로 쉽게 접근했다가는 시간만 낭비할 수 있다는 것을 명심하도록 하자.

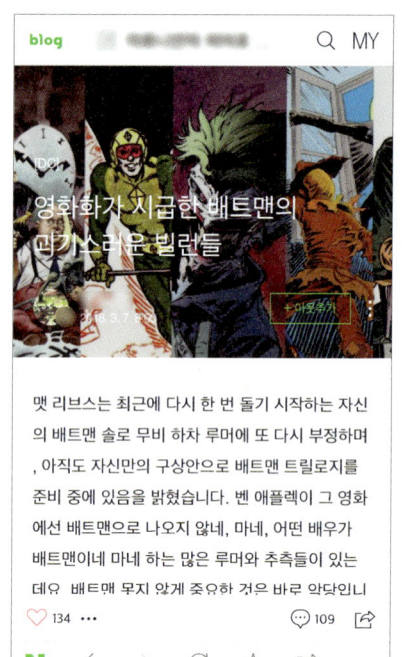

▲ 히어로 영화에 대한 새로운 편집을 시도한 기획 콘텐츠

프로멘토의 노하우   기획력을 높이려면?

노출되고자하는 주제판을 매일 들여다보면서 다른 콘텐츠들의 기획들을 참고하는 것이 가장 좋다. 다양한 콘텐츠 중에서도 특별함이 있는, 기획이 색다른 콘텐츠들을 눈여겨보면서 아이템을 보는 눈을 키워야 한다. 해당 주제판에 자주 노출되는 기획을 찾아낼 수만 있어도 확률을 두 배는 높일 수 있다.

물론 거기서 그쳐선 안 된다. 독자들의 취향에 따라 네이버 메인은 끊임없이 변하기 때문에 네이버 메인을 넘어 외부에서도 아이디어를 얻어야 한다. 참고하기 가장 좋은 것이 바로 매거진이다. 실시간 이슈를 쏟아내기 바쁜 뉴스와 달리 잡지는 월간 또는 주간으로 비 이슈성 콘텐츠를 주로 다르기 때문에 콘텐츠 기획력이 가장 중요하다. 단순히 독특한 컨셉을 앞세우는 매거진보다 아이템 기획력이 뛰어난 매거진이 더 좋고 본인이 다루는 분야의 매거진이라면 더 큰 도움이 될 것이다.

3 _ 대중적인 콘텐츠

네이버 메인에는 모두가 궁금해할만한 대중적인 콘텐츠가 노출된다. 여기서 '대중적'이라는 것의 기준은 절대적으로 독자들의 선택, 좀 더 정확히 말해 조회수를 말한다. 해당 주제판에 대한 사전 조사 없이 무작정 콘텐츠를 작성하는 에디터들이 적지 않은데 특정 주제를 다루는 주제판이라고 해서 하위의 모든 분야를 다 다루는 것은 아니라는 것을 명심해야 한다.

제모는 남녀를 불문하고 관심을 갖는 뷰티 방법 중 하나다. 하지만 패션 뷰티 판에서는 여름을 제외하고는 제모에 대한 내용을 거의 다루지 않으며, 소개된다 하더라도 일회성에 그친다. 관련 업계가 생각하는 상업적인 홍보를 담은 내용은 더욱 소개되지 않는다.

이유가 무엇일까? 답은 간단하다. 패션뷰티 판에서 주로 다루는 메이크업, 헤어스타일링, 패션보다 대중성이 떨어지기 때문이다. 이런 아이템들은 매일 소개해도 바닥나지 않을 만큼 다양한 소재가 존재하며 독자들의 선호도 역시 높다. 하지만 제모에 관한 내용은 꾸준하게 나올 콘텐츠가 없을뿐더러 전체 조회수도 상대적으로 낮다.

▲ 메이크업과 관련된 주제가 주를 이루는 패션 뷰티 판

네이버가 블로그에 만연해있는 상업적인 콘텐츠를 메인에 노출하지 않는 이유는 단지 홍보성 글이기 때문만은 아니다. 아무리 홍보성 콘텐츠라 하더라도 조건이 맞고 기꺼이 읽을 독자들만 있다면 충분히 노출될 수 있다. 하지만 대부분의 독자들은 상업성을 배제한 순수한 정보를 얻기 원하며, 조금이라도 의도가 의심되는 콘텐츠에는 단호한 피드백을 남기기 때문에 이런 콘텐츠의 비중은 자연스럽게 낮아질 수밖에 없다. 실제로 처음에는 반짝 인기를 끌다가 독자들이 찾지 않아 더 이상 노출되지 않는 하위 주제들이 적지 않다.

그렇다고 해서 우리 모두가 인기 주제들만 다뤄야 하는 것은 아니다. 본인만의 전문 분야에서 꾸준히 콘텐츠를 연재한다면 분명히 언젠가는 좋은 성과를 거둘 수 있다. 조금이라도 그 시기를 당기고자 한다면 본인의 아이템을 메인에 노출될 수 있는 아이템으로, 다시 말해 '대중적인 콘텐츠'라는 포맷으로 새롭게 기획하고 구성해야 한다.

본인이 작성하고자 하는 콘텐츠의 주제가 조금 애매하다 싶으면 해당 주제판의 과거 노출내역을 돌아보면서 유사한 주제의 콘텐츠가 노출된 적이 있는지를 살펴보아야 한다. 과거에 노출되지 않았다고 해서 앞으로도 노출되지 말라는 법은 없지만, 하나의 참고 지표로 삼을 수는 있을 것이다. 여기에 관한 자세한 내용은 "Chapter 05"를 참고하기 바란다.

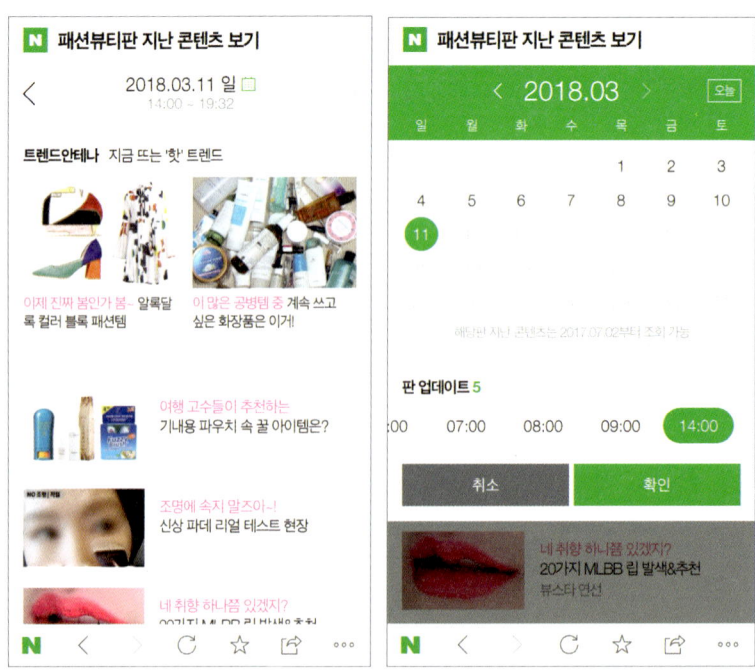

▲ 지난 메인노출 내역을 확인할 수 있는 지난 콘텐츠 보기 기능

최근에는 인공지능으로 사용자의 취향을 파악해 관련 콘텐츠를 추천하는 서비스가 확대되고 있다. 모두에게 노출되는 것은 아니기 때문에 조회수는 상대적으로 적을지 모르지만, 치열한 상위노출 전쟁에서 벗어나 오로지 콘텐츠에만 집중할 수 있는 새로운 길이 열렸다는 것만으로도 의미가 있다. 당장은 여기에 역량을 집중하기보다 대중적인 콘텐츠를 지향하면서 믿을 만한 콘텐츠를 쌓아가야 할 것이다.

▲ 일부 주제판에서 제공되는 AiRS 추천

프로멘토의 노하우 — 대중적인 콘텐츠를 작성하려면?

대중들의 선호도를 파악하기 위해서는 반복적으로 메인노출되는 주제를 파악해야한다. 특정 주제의 콘텐츠는 매번 다른 형태로 반복 노출되는데, 그만큼 대중들이 선호하는 주제이며 조회수가 높기 때문이다. 이런 콘텐츠들의 특성을 파악해 본인의 분야와의 접점을 찾고 다양한 기획을 통해 독자들을 유혹해야 한다.

과거 노출 콘텐츠를 파악할 때는 비슷한 형태의 콘텐츠라도 조회수가 크게 다를 수 있으니 주의해야 한다. 포스트의 경우 조회수가 바로 표시되기 때문에 독자들의 관심도를 바로 파악할 수 있지만, 블로그는 댓글이나 공감수를 통해 간접적으로 확인해야 한다. 하나의 콘텐츠가 2회 이상 반복 노출되는 경우도 있으니 참고하도록 하자.

LESSON

확률을 높이는 콘텐츠 기획법

메인노출 콘텐츠의 대표적인 특징을 파악하는 것은 기본중의 기본이다. 앞으로도 꾸준하게 메인노출을 이어가면서 확률을 조금이라도 높이고 싶다면 이번에 소개할 세 가지 방법을 참고하기 바란다. 쉬운 일은 아니겠지만 착실하게 따라한다면 분명 만족스러운 성과를 얻을 수 있을 것이다.

1 _ 일석이조 콘텐츠

잘 만들어진 콘텐츠는 하나의 주제판에만 노출되지 않는다. 좋은 콘텐츠는 모든 편집자가 탐내기 때문에 이질감만 없다면 하나의 콘텐츠로 두 개 이상의 주제판에 노출될 수 있다. 잘 알려지지 않은 해양 생물에 관한 콘텐츠는 과학판에 노출될 수 있지만, 동물공감판에도 노출될 수 있는 것처럼 말이다. 실제로 여러 주제판을 둘러보면 이런 사례를 빈번하게 확인할 수 있다.

1-1. 비즈니스판과 잡앤판에 모두 노출된 콘텐츠

국내 유명 드라마를 소재로한 콘텐츠가 비즈니스판과 잡앤판에 동시에 노출되었다. 시간차를 두고 노출되기도 하지만 이렇게 동시에 노출되는 경우도 적지 않다. 확인할 수는 없지만 중국 스타트업에 관한 기사이기 때문에 중국판에도 소개되었을 수 있다.

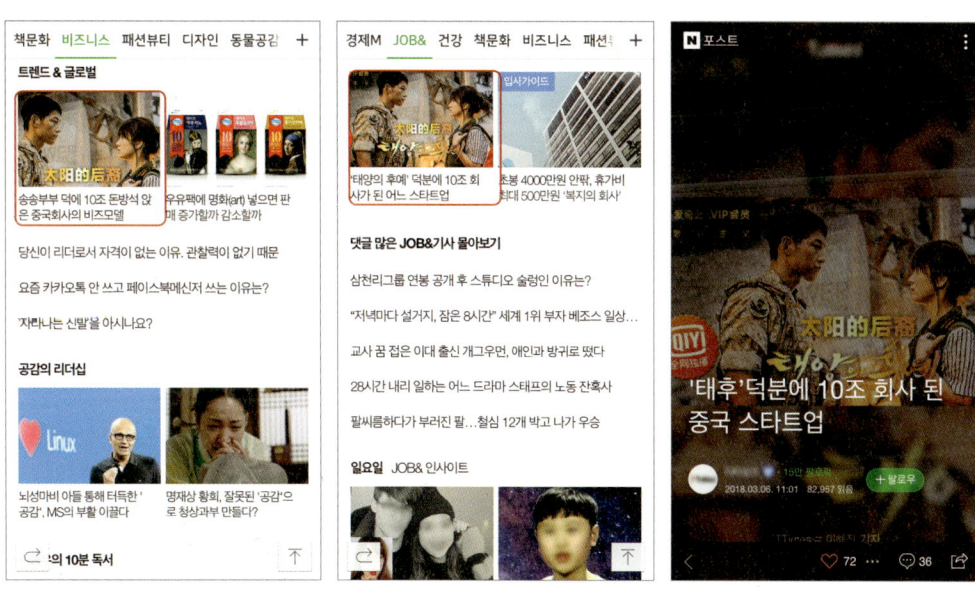

▲ 비지니스판과 잡앤판에 모두 노출된 콘텐츠

1-2. 푸드판과 디자인판에 모두 노출된 콘텐츠

더티커피에 관한 콘텐츠 역시 푸드판과 디자인판에 동시에 노출되었다. 제목과 대표이미지가 달라지긴 했지만 실제로 선택해보면 동일한 콘텐츠로 연결된다. 물론 이런 동시 노출이 사전에 합의가 된 것은 아닐 것이다. 편집자들은 항상 좋은 콘텐츠를 찾아다니기 때문에 다른 주제판에 노출된 콘텐츠라도 좋은 것이라면 얼마든지 소개하려고 한다.

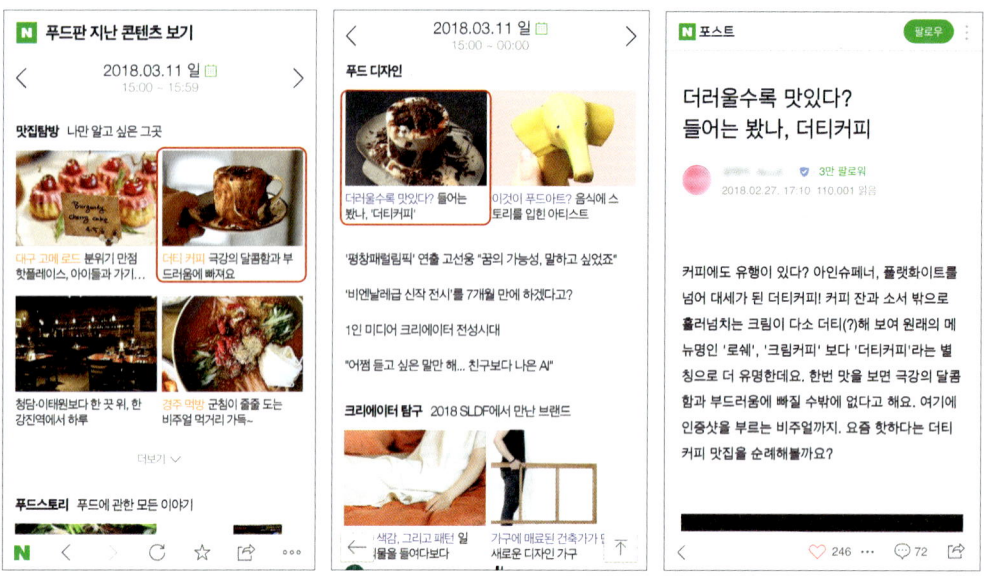

▲ 비지니스판과 잡앤판에 모두 노출된 콘텐츠

따라서 콘텐츠를 생산할 때부터 이런 점을 염두에 둔다면 노출 확률을 최소 두 배 이상 높일 수 있다. 물론 그 연관성은 어디까지나 편집자와 각 주제판의 편집방침이 바탕이 되어야 한다. 단순히 디자인이 예쁜 생활가전을 소개한다고 해서 디자인과 리빙판에 모두 노출되는 것은 아니다. 각각의 주제판이 평소에 소개하는 흐름과 맥을 같이 해야만 가능하다.

프로멘토의 노하우 — 일석이조 콘텐츠의 해법은?

이런 콘텐츠는 하나 이상의 주제판에 대해 충분히 파악하고 있어야 기획이 가능하다. 사전 분석을 통해 파악할 수도 있지만 다양한 방향으로 콘텐츠를 제작하다보면 운 좋게 노출될 수 있는데, 그 노출이 어떻게 가능했는지를 되짚어 가다보면 원하는 답을 얻을 수 있다. 모든 콘텐츠를 일석이조 형태로 작성할 필요는 없다. 괜한 욕심을 부려 이도저도 아닌 콘텐츠를 작성하는 것은 시간낭비이기 때문이다. 모든 요건이 자연스럽게 갖춰지고 개연성이 충분할 때에만 이런 콘텐츠를 노리도록 하자.

2 _ 리뉴얼 콘텐츠

네이버 메인을 자주 들여다보는 사람이라면 비슷한 주제의 콘텐츠가 반복적으로 노출되는 것을 본 적이 있을 것이다. 작성자는 매번 다르지만 유사한 주제의 글이 구성만 조금 달라져서 새로 올라오게 되는 것이다. 매년 같은 계절이 반복되는 것처럼 주요 이벤트 역시 반복되기 때문에 독자들이 궁금해 하는 콘텐츠는 반복될 수밖에 없다. 따라서 한 번 인기를 끌었던 주제들은 추후에 다시금 인기를 끌 수 있는 충분한 여지가 있으며, 이런 기회를 잘 활용하면 메인노출 확률을 조금이라도 높일 수 있다.

2-1. 네이버 메인에 자주 소개되는 키워드를 다룬 콘텐츠

다음은 경제M판에 자주 소개되는 '돈 모으는 방법'과 관련된 콘텐츠들이다. 돈 모으는 방법에 대해 일반적인 원칙을 정리한 콘텐츠 부터 구체적인 경험을 바탕으로 작성한 콘텐츠까지 다양하다. 이 정도의 조회수는 단순히 검색유입만으로 만들어졌다고 보기는 힘들기 때문에 메인노출 된 콘텐츠로 짐작할 수 있는데, 이 정도면 거의 매년 꾸준히 노출되는 키워드라 할 수 있다. 이 같은 인기 주제를 자신만의 시각으로 리뉴얼 할 수만 있다면 메인노출은 얼마든지 가능하다. 독자가 이런 키워드에 관심이 많기 때문에 편집자의 입장에서도 이런 콘텐츠를 기다릴 수밖에 없다.

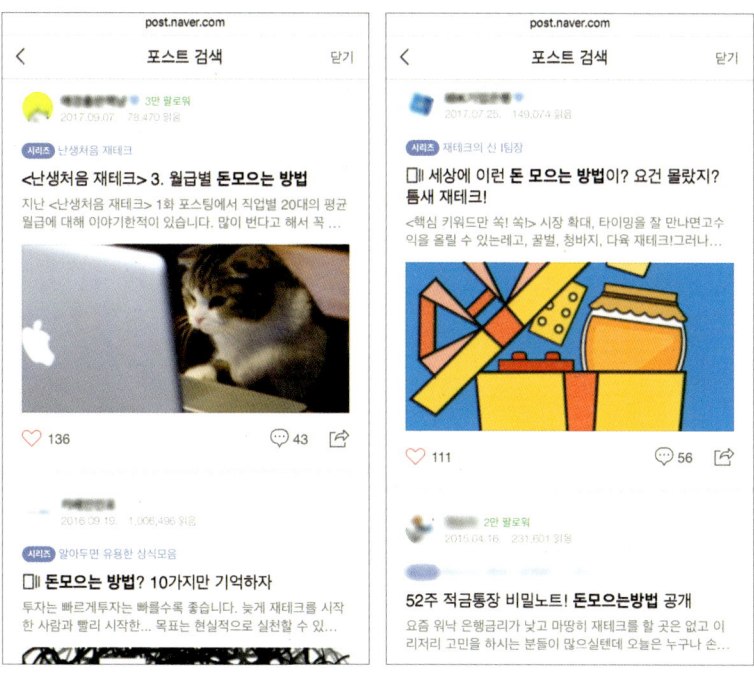

▲ 네이버 메인에 자주 소개되는 키워드를 다룬 콘텐츠

본인의 주제와 전혀 상관없는 다른 콘텐츠라고 흘려 넘겨선 안 된다. 기획만 훌륭하다면 차용할 수 있는 부분을 정리해두었다가 추후 작성할 콘텐츠에 적용해보는 작업이 필요하다. 이때 단순히 이전과는 다르게 만든다고 해서 효과적인 것은 아니다. 본인이 운영하는 채널의 색깔과 방향성이 있을 것이고 거기에 맞춰서 자신만의 무언가를 제시해야 의미가 있다.

프로멘토의 노하우 리뉴얼 콘텐츠의 해법은?

어디선가 본 적 있는 콘텐츠는 링크를 따로 저장해두거나 유사한 키워드나 태그로 검색해 관련 콘텐츠가 있는지를 확인해보는 것이 좋다. 포스트의 경우 조회수를 바로 확인할 수 있으니 유사한 콘텐츠가 많고 조회수가 전반적으로 높다면 인기 주제일 수 있다. 이는 마치 앞선 챕터에서 설명한 리빙판의 추천 키워드와 유사하다. 주제판별로 독자들의 취향은 대게 비슷하기 때문에 경제M판에서는 '돈모으는법'이, 푸드판은 'XX황금레시피'가 인기를 끄는 것과 동일하다.

---

3 _ 오리지널 콘텐츠

네이버 메인을 노리는 콘텐츠들은 대개 비슷하다. 독자들의 취향이 어느 정도 정형화되어 있기 때문이기도 하지만 에디터들의 기획력과 접근방법이 대동소이하다는 것이 더 큰 이유다. 하지만 독자들의 취향은 조금씩 달라지며, 그에 따라 주제판의 편집도 변하기 때문에 작은 움직임에도 기민하게 반응해야 한다.

오리지널 콘텐츠는 이런 변화를 주도하는 콘텐츠다. 매번 비슷한 콘텐츠만 생산해서는 남들과 동등한 입장에서 치열하게 경쟁해야한다. 하지만 오직 본인만이 작성할 수 있는 독점 콘텐츠가 있다면 새로운 트렌드를 제시하고 주도할 수 있다. 물론 그런 콘텐츠를 작성하는 것이 쉬운 일이 아니다.

오리지널 콘텐츠는 크게 세 가지 형태로 나뉜다.

❶ 자신만의 특별한 경험으로 제작하는 콘텐츠
❷ 기존에 시도되지 않았던 새로운 주제와 포멧의 콘텐츠
❸ 시간과 노력이 많이 들어 남들이 쉽게 만들지 못하는 콘텐츠

여기서 핵심은 남들과 경쟁하지 않는 콘텐츠라는 점이다. 물론 해당 주제판의 범주 안에서 독자들의 요구를 충분히 반영해야 할 것이다. 이런 오리지널 콘텐츠들은 기존 콘텐츠에 비해 상대적으로 노력이 많이 들어가는 반면, 메인노출이나 높은 조회수가 확실하게 보장되는 것은 아니기 때문에 신중하게 접근해야 한다.

3-1. 자신만의 특별한 경험으로 제작하는 콘텐츠

여행판에 소개된 콘텐츠의 경우 대중적인 소재는 아니지만 흥미를 유발하는 내용이며, 누구나 쉽게 경험할 수 있는 소재가 아니기 때문에 더 가치가 있다. 이런 콘텐츠는 처음부터 메인노출 되기도 하지만 유사한 콘텐츠들을 묶어 한 번에 소개하는 특집 형태로도 자주 노출된다.

▲ 자신만의 특별한 경험으로 제작한 콘텐츠

3-2. 기존에 시도되지 않았던 새로운 주제와 포멧의 콘텐츠

테크판에서는 본인만이 알고 있는 꿀팁을 전하는 시리즈가 연재된다. 사소하고 가벼운 팁부터 전문적인 팁까지 다양하게 소개되는데, 과거에는 엑셀이나 포토샵과 같은 실무 관련 팁들이 주를 이뤘지만 최근에는 범위를 확장해 PC와 맥의 활용법, 스마트폰 관련 팁을 전하는 형태로 운영되고 있다. 기존에 시도되지 않았던 새로운 주제와 포멧의 콘텐츠라고 하기에는 무리가 있지만 하나의 이슈를 두고 경쟁하는 것이 아니기 때문에 오리지널 콘텐츠로 분류할 수 있다.

▲ 기존에 시도되지 않았던 새로운 주제와 포멧의 콘텐츠

3-3. 시간과 노력이 많이 들어 남들이 쉽게 만들지 못하는 콘텐츠

패션뷰티판 최상단에 노출된 두 콘텐츠는 제품들을 모두 구입해 비교 분석하는 콘텐츠다. 이런 콘텐츠는 작성에 상당한 시간과 노력이 들어가는 것은 물론, 제작 지원을 받지 않았다면 모든 제품을 다 구매해야 해 상당한 투자가 요구된다. 그렇다고 메인노출을 보장해주는 것도 아니라서 개인이 무작정 시작하기에는 무리가 있다. 주로 매거진이나 언론에서 이런 형태의 콘텐츠를 제작하지만 개인에게도 전혀 기회가 없는 것은 아니다. 네이버에서는 패션뷰티판을 통해 뷰스타를 양성하고 있기 때문에 에디터들의 적극적인 도전을 기다리고 있다.

▲ 시간과 노력이 많이 들어 남들이 쉽게 만들지 못하는 콘텐츠

이런 콘텐츠들은 위험부담이 있기 때문에 메인노출이 잘 되고 있는 상태에서 투자한다는 느낌으로 시도해보는 것이 가장 좋다. 아무리 자신 있다 하더라도 생산하는 모든 콘텐츠를 오리지널 콘텐츠로 만들어서는 안 된다. 처음에는 테스트 수준으로 일반 콘텐츠와 오리지널 콘텐츠를 8:2 정도의 비율로 시작해야 한다. 그러다가 해당 부분에 대한 성과나 확신이 있다면 그때 비중을 높이면 된다.

물론 쉬운 일은 아닐 것이다. 하지만 리뉴얼 콘텐츠 작성을 통해 기존 것을 조합해 새로운 것을 만드는 연습을 하면서 하나의 콘텐츠로 두 개 이상의 주제판에 노출되는 콘텐츠를 능숙하게 제작할 수 있게 된다면 이미 역량은 충분한 것이니, 한 번쯤 시도해 보아도 좋다.

> **프로멘토의 노하우** 오리지널 콘텐츠의 해법은?
>
> 방법은 단순하다. 콘텐츠를 작성하기 전, 다른 에디터들이 따라 할 수 있을지 없을지를 먼저 생각해보는 것이다. 다른 콘텐츠는 그런 점을 고려하지 않더라도 오리지널 콘텐츠를 기획할 때만큼은 이 부분을 따져봐야 한다. 어떻게 하면 남들이 알지 못할, 아직 아무도 시도하지 않은 콘텐츠를 작성할 수 있을지를 고민해보자. 완벽할 순 없겠지만 그렇게 다른 시각으로 기획을 하다보면 자신만의 오리지널 콘텐츠를 기획할 수 있을 것이다.

LESSON 03

독자를 배려한 콘텐츠 구성법

에디터는 항상 독자를 염두에 두고 콘텐츠를 작성해야 한다. 메인노출 콘텐츠 작성 시에는 특히 다음 세 가지 항목을 염두에 두어야 하는데, 독자만이 아니라 본인을 위해서도 이 부분들을 반드시 숙지하고 있어야 한다. 다음 레슨에서 구체적으로 살펴보겠지만 먼저 주요 개념을 정리한다는 느낌으로 가볍게 훑어보도록 하자.

1 _ 모바일을 고려한 내용 구성

메인노출은 모바일과 PC 두 가지가 있는데, 평균적인 유입량을 따져보면 8:2 정도로 모바일의 비중이 높다. 때문에 모바일을 우선적으로 고려해 콘텐츠를 구성해야 하지만 대부분의 에디터가 이를 간과한다. 다음 콘텐츠는 PC에서 보는 데는 아무런 문제가 없지만 모바일에서 보면 가독성이 확연히 떨어진다. PC 화면만을 기준으로 줄 바꿈을 했기 때문이다.

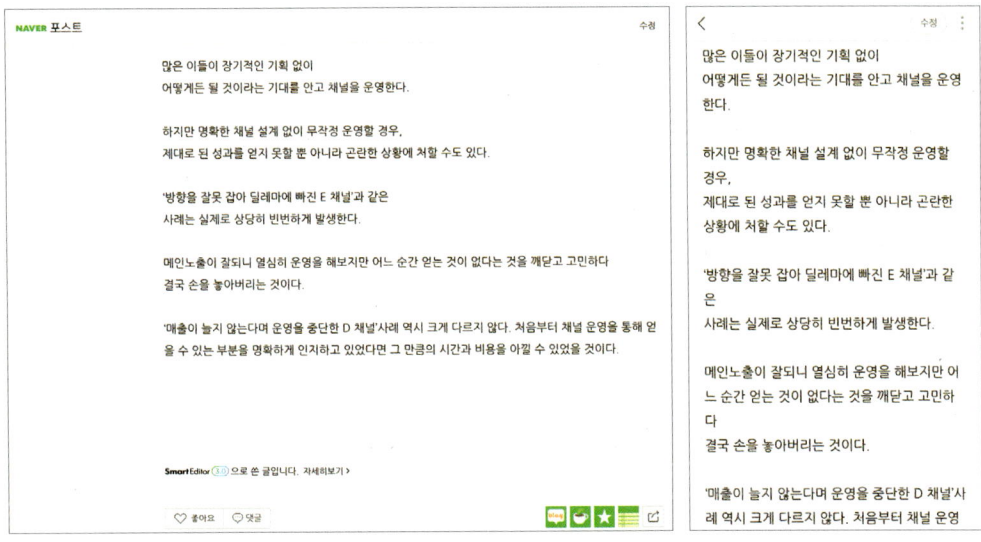

▲ 가독성이 나쁘지 않은 PC 버전의 콘텐츠　　　　　　　　▲ 가독성이 나쁜 모바일 버전의 콘텐츠

스마트폰으로 검색을 하다보면 이렇게 줄 바꿈이 엉망인 콘텐츠를 심심찮게 보게 된다. 대부분의 에디터들이 PC에서 보이는 모습만 생각하고 콘텐츠를 작성하기 때문에 모바일에서는 다르게 보일 수 있다는 것을 알지 못한다. 메인노출을 원한다면 모바일에서 잘 읽히는 형태로 내용을 구성하도록 하자. 모든 문장을 다 끊어놓을 필요는 없다. 단락만 잘 구분해도 가독성을 충분히 높일 수 있다.

다음 콘텐츠 역시 PC로 보는 데는 별다른 문제가 없다. 글자 밖에 없어서 조금 부담스럽기는 하지만 내용에 관심이 있다면 얼마든지 읽을 수 있다. 하지만 이 콘텐츠 역시 모바일에서 보면 가독성이 현저히 떨어진다.

▲ 가독성이 크게 떨어지지 않는 PC 버전의 콘텐

▲ 가독성이 떨어지는 모바일 버전의 콘텐츠

줄 바꿈이 제대로 정리되지 않은 콘텐츠보다는 낫지만 이 콘텐츠 역시 가독성이 떨어지기는 마찬가지다. 이처럼 하나의 단락이 길고 이미지 한 컷 없는 콘텐츠는 스마트폰으로 보기 꺼려진다. 이럴 경우 문단은 2~3줄 정도로 잘라주고 중간에 적절한 이미지를 넣어주게 되면 PC는 물론 모바일에서도 가독성이 한결 높아진다.

▲ 단락을 구분하고 이미지를 추가한 PC 버전의 콘텐츠

▲ 모바일 버전의 가독성이 중요한 메인노출 콘텐츠

모바일에 최적화된 콘텐츠를 PC에서 보면 어딘가 조금 허전하다는 느낌을 받는데 그치지만, PC에 최적화된 콘텐츠는 모바일에서 읽는 것이 거의 불가능하기도 하다는 점을 잊지 말자.

2 _ 오해의 소지가 없는 코멘트

인터넷 뉴스를 보다보면 본문을 제대로 읽지도 않고 댓글을 작성하는 경우를 흔하게 볼 수 있다. 제목만 보고 내용을 짐작해 댓글을 다는 식이다. 이처럼 일부 독자들은 제목과 댓글만 보기도 하니, 내가 정성들여 작성한 콘텐츠를 글자 하나 빼놓지 않고 모두 다 꼼꼼하게 읽어줄 것이라는 기대는 버려야 한다.

글자를 못 읽는 사람은 없지만 글자를 제대로 읽지 않거나 글을 읽고도 제대로 이해하지 못하는 사람들은 분명 존재한다. 따라서 콘텐츠를 작성할 때는 초등학생도 이해할 수 있도록 쉽게 써야하며, 오해의 소지가 있을만한 부분은 삭제하거나 확실하게 짚고 넘어가는 것이 좋다.

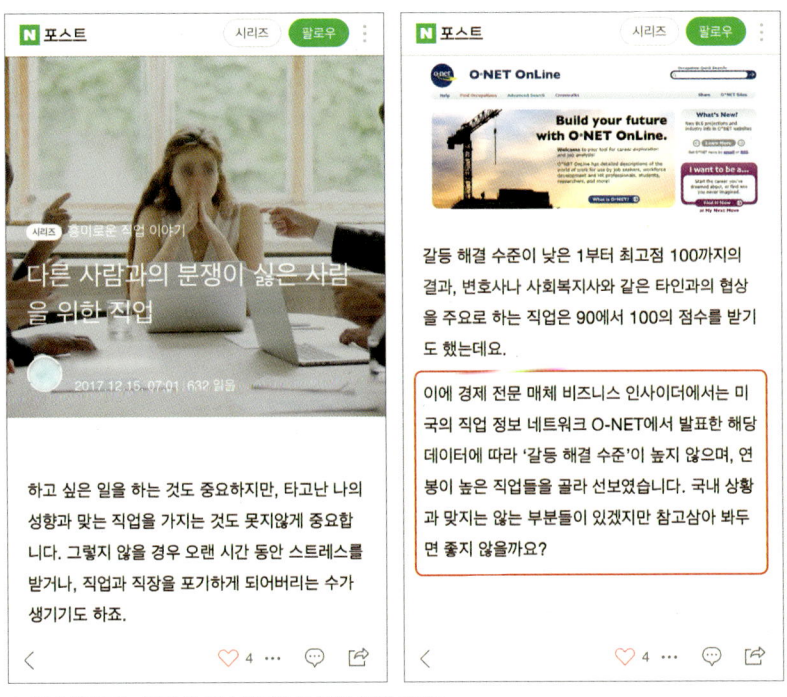

▲ 국내 상황과는 맞지 않으니 참고만 할 것을 밝힌 콘텐츠

이 부분을 제대로 해내지 못하면 본인이 말하고 싶었던 핵심이 전달되지 않는 것은 물론, 잘못한 부분에 대한 지적으로 댓글이 집중될 수 있다. 메인노출은 짧은 시간에 많은 사람들이 유입되기 때문에 일반적인 콘텐츠보다 댓글의 양이 많다. 먼저 읽은 사용자들이 문제점을 지적하면서 댓글을 달면 이후에 들어오는 사람들은 본문보다 댓글에 더 의존해 콘텐츠를 받아들이게 된다.
메인노출 콘텐츠는 스마트폰으로 가볍고 빠르게 넘겨보는 콘텐츠들이 대부분이기 때문에 길게 설명할 수도 없고 그래서도 안 된다. 한 번만 쓱 봐도 이해할 수 있도록 쉽고 명확하게 작성해야 한다.

▲ 소제목과 간결한 단락, 이미지와 캡션으로 의도를 명확하게 전달하는 콘텐츠

▲ 스치듯 가볍게 읽어도 대충 이해가 되는 형태의 콘텐츠

본인이 작성하는 콘텐츠에 대해 충분한 지식이 있다고 하더라도 온라인에는 분명 본인에 필적하거나 그 이상의 지식과 경험을 가진 전문가들이 분명 존재할 것이다. 이런 상황에서 명확하지 않은 내용을 단언해서 말하거나 논리적 오류를 범하게 되면 콘텐츠를 작성하지 않은 것만 못한 상황에 처할 수 있다. 그러니 본인의 참 뜻을 몰라준다며 독자를 원망할 것이 아니라 처음부터 독자를 이해하고 고려한 콘텐츠를 작성해야 할 것이다.

3 _ 규칙적인 이미지 위치

메인노출 콘텐츠는 텍스트와 이미지로 구성된다. 둘은 상호 보완적인 관계로 적절하게 사용될 경우 가독성을 높여주고 이해를 돕는다. 하지만 일정한 규칙 없이 무분별하게 사용할 경우 오히려 가독성을 해치기도 한다. 텍스트와 이미지를 활용하는 방식은 저마다 다르다. 텍스트를 작성한 후 관련 이미지를 그 아래 위치시키는 경우가 있는가 하면, 이미지를 먼저 제시하고 해당하는 내용을 그 아래에 추가하기도 한다. 어떤 방식이든 상관없지만 텍스트와 이미지의 배열에는 반드시 일관성이 있어야 한다.

네이버 메인을 살펴보면 그 중 적지 않은 콘텐츠들이 이미지 배열에 명확한 규칙 없는 것을 확인할 수 있다. 앞에서는 텍스트 아래에 관련 이미지가 위치해 있다가 뒤에서는 텍스트보다 앞으로 오게 되거나, 어떤 소제목에서는 관련 이미지가 있지만, 다른 소제목에서는 이미지가 없는 식이다.

▲ 이미지의 위치가 일정하지 않은 콘텐츠

원인은 크게 두 가지로 볼 수 있다. 본인이 의식하지 못하고 작성한 후 이를 다시 점검해 보지 않았거나, 적당한 이미지를 찾지 못해 다른 내용에 억지로 갖다 붙이는 것이다. 이를 해결하기 위해서는 반드시 원고 작성 후 글과 그림의 구성을 다시 한 번 점검해 보아야 하며, 이미지 선정에 더 신경을 써야한다. 적당한 이미지를 찾을 수 없다면 차라리 이미지 없이 가는 편이 낫다.

가장 일반적인 흐름은 글 작성 후 관련 이미지가 아래에 나오는 방식이다. 이미지에 대한 간단한 설명이나 출처를 표기해야 한다면 이미지 아래 캡션으로 짧게 추가할 수 있다. 하나의 규칙을 가지고 일관성 있게 유지하는 것이 오해를 줄이고 가독성을 높이는 방법이다.

▲ 내용과 관련 없는 이미지가 삽입된 콘텐츠

Chapter 03_메인노출 콘텐츠 작성하기 127

LESSON

메인노출 콘텐츠 작성법

이번 레슨에서는 메인노출 콘텐츠 작성 시 주의해야 할 부분에 대해 단계별로 살펴보고자 한다. 필자가 지난 수년간 메인노출 콘텐츠를 제작하며 터득한 내용을 토대로 하고 있으니 초심자들의 시행착오를 어느 정도 줄여줄 수 있을 것이라 생각한다.

1 _ 작성 전 체크포인트

좋은 주제가 있다고 해서 무작정 콘텐츠를 작성해서는 안 된다. 작성 전에 체크해야 할 부분들을 간과하면 그 모든 노력이 시간낭비가 될 수 있으니 반드시 여기서 소개하는 내용을 확인한 후 진행하도록 하자.

1-1. 기획하기

가장 먼저 해야 할 것은 콘텐츠 기획이다. 주제판을 철저하게 분석 했다면 이미 몇 가지 아이템들이 정리되었을 것이다. 그런 아이템에 에디터가 어필하고자 하는 주제를 잘 녹인 후 본격적으로 콘텐츠 작성을 시작해야 한다. 매력적인 기획이라 하더라도 메인노출 후 논란이 될 수 있다면 진행하지 않는 것이 좋으며, 시기적으로 적절하지 않은 아이템들도 제외하는 것이 좋다.

▲ 콘텐츠 작성 전 체크해야 할 최근 메인노출 아이템

1-2. 제목 정하기

콘텐츠 기획 단계에서부터 제목이 명확하게 정해져야 한다. 경우에 따라서는 제목을 먼저 정한 후 제목에 맞게 기획을 잡아볼 수도 있다. 콘텐츠에서 가장 중요한 것은 바로 제목이기 때문에 가제를 정해서라도 전체 방향을 잡아두어야 한다. 미사여구로 꾸미더라도 되도록 간결하고 명확하게, 제목만 봐도 어떤 콘텐츠인지 한 눈에 알 수 있는 제목을 선택하는 것이 좋다.

▲ 기획 단계에서 미리 뽑아놔야 할 가제

1-3. 관련 이미지 찾아보기

많은 에디터들이 간과하는 것이 바로 이미지다. 아이템만 괜찮다 싶으면 그대로 진행하는 경우가 대부분인데, 콘텐츠에 들어갈 이미지를 확보할 수 있는지 사전에 확인한 후 진행하는 것이 좋다. 실제로도 원고를 작성한 후 본문에 넣을 적절한 이미지가 없어 어려움을 겪는 경우가 많다. 본문과 관련 없는 이미지를 억지로 넣게 되면 전체 완성도가 떨어질 수 있기 때문에, 반드시 원고 작성 전 본문에 넣을만한 이미지는 있는지, 저작권 문제는 없는지 확인한 후 진행해야 한다.

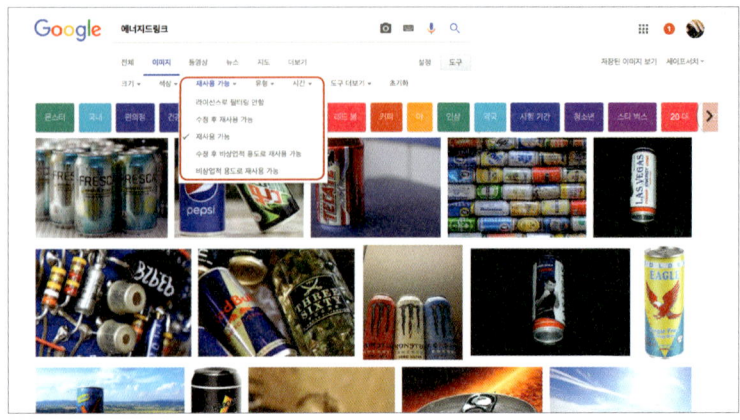

▲ 반드시 체크해야 할 이미지 저작권

2 _ 작성 중 체크포인트

메인노출 콘텐츠 작성에서 가장 중요하게 생각해야 할 부분은 바로 모바일 가독성이다. 대부분의 메인노출 콘텐츠는 스마트폰을 통해 소비되기 때문에 모바일 가독성은 좋은지, 구성이나 분량은 적절한지 따져보아야 한다.

2-1. 콘텐츠 방식 정하기

블로그와 포스트는 스마트에디터를 사용해 콘텐츠를 작성한다. 스마트에디터3.0은 기본형과 카드형 두 가지 방식을 제공하는데 어떤 것을 선택하더라도 사실상 큰 차이는 없다. 주제판에 따라 선호하는 방식이 다르기는 하지만 결국은 콘텐츠의 완성도가 메인노출에 가장 큰 영향을 끼치기 때문에 주제가 가장 잘 드러날 수 있는 방식을 선택하면 된다. 어느 정도 분량이 있는 콘텐츠라면 기본형이 분량이 짧고 가볍게 다룰 수 있는 콘텐츠는 카드형이 좋다.

▲ 기본형(좌)과 카드형(우) 콘텐츠

2-2. 구조 짜기

메인노출 콘텐츠는 주로 스마트폰으로 보기 때문에 모바일 가독성을 반드시 고려해야 한다. 단락이 명확하게 구분되어 있지 않거나 이미지가 없다면 본문을 읽는 대신 댓글만 확인하거나 다시 돌아 나갈 수밖에 없다. 때문에 소제목으로 전체 내용을 구분한 후 단락을 구분해 적당한 분량으로 본문을 작성해야 하며, 전체 분량 역시 어느 정도 정해두는 것이 좋다. 이때 특정 단락의 분량이 두드러지게 길지 않도록 하는 것이 좋은데, 절대적인 기준은 없기 때문에 최종 작성 후 직접 스마트폰으로 확인하면서 적정 분량을 찾아가면 된다.

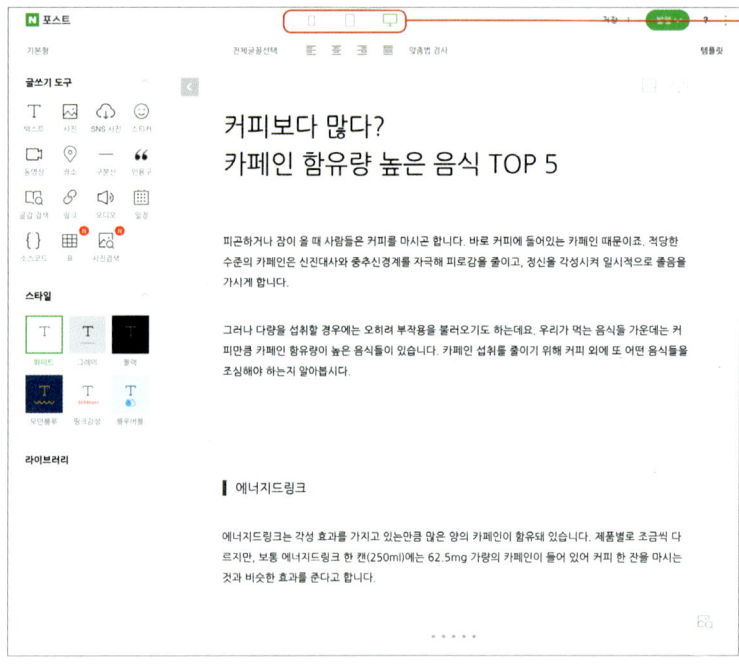

작성한 글을 모바일, 태블릿, PC 기기 별로 미리 볼 수 있다. PC에서 글 쓰고, 모바일에서 결과물을 확인하고, 다시 모바일에 맞춰 글을 수정해야 하는 등의 불편함을 제거할 수 있다. 원하는 기기 아이콘을 누르면 해당 디바이스 기준으로 글을 작성할 수 있다.

▲ 모바일 가독성을 고려한 구조 짜기

2-3. 이미지 배치하기

이미지는 텍스트 이상으로 중요한 요소다. 독자들에게 이미지로 메시지를 전달하는 것이기 때문에 본문을 잘 나타낼 수 있는 것으로 정해야 하며, 본문의 위와 아래 어느 한 쪽을 정해 일관성 있게 배치해야 한다. 배치 간격 또한 일정하게 하는 것이 가독성을 높이는데 도움이 된다. 저작권 또한 신경 써야 할 부분이다. 출처를 밝히면 마음대로 사용해도 되는 것으로 아는 이들이 많지만 원칙적으로 프리소스 이미지 외에는 사용해선 안 된다. 스마트 에디터가 무료 이미지 첨부 기능을 제공하고 있기 때문에 이를 사용하는 것도 좋은 방법이다.

▲ 저작권 문제없는 이미지 첨부

3 _ 작성 후 체크 포인트

콘텐츠를 작성한 뒤 바로 발행해서는 안 된다. 본문을 다시 한 번 점검해야 하는 것은 물론, PC와 모바일에서 어떻게 보이는지, 대표 이미지는 적절한지를 확인한 후 적절한 시기에 발행해야 한다. 이런 과정을 습관화해 두어야 메인노출과 관련된 크고 작은 문제를 사전에 예방할 수 있다.

3-1. 내용 검수하기

원고 작성 후 내용을 반드시 검수해야 한다. 문체는 일정한지, 소제목은 적절한지, 단락별 분량은 적당한지, 이미지의 위치와 캡션은 통일감이 있는지 다시 한 번 확인하고 바로 잡아야 한다. 스마트에디터는 모바일, 태블릿, PC 세 가지 디바이스의 뷰를 모두 제공하고 있기 때문에 이를 통해 가독성을 최종적으로 확인하고 필요하다면 단락을 구분하거나 분량을 조절하도록 하자. 아무리 좋은 내용이라도 가독성이 떨어지면 아무도 읽지 않는다는 사실을 명심해야 한다. 기본 중의 기본이라 할 수 있는 오탈자 검수는 스마트에디터가 제공하는 맞춤법 검사 기능을 통해 간편하게 진행할 수 있다.

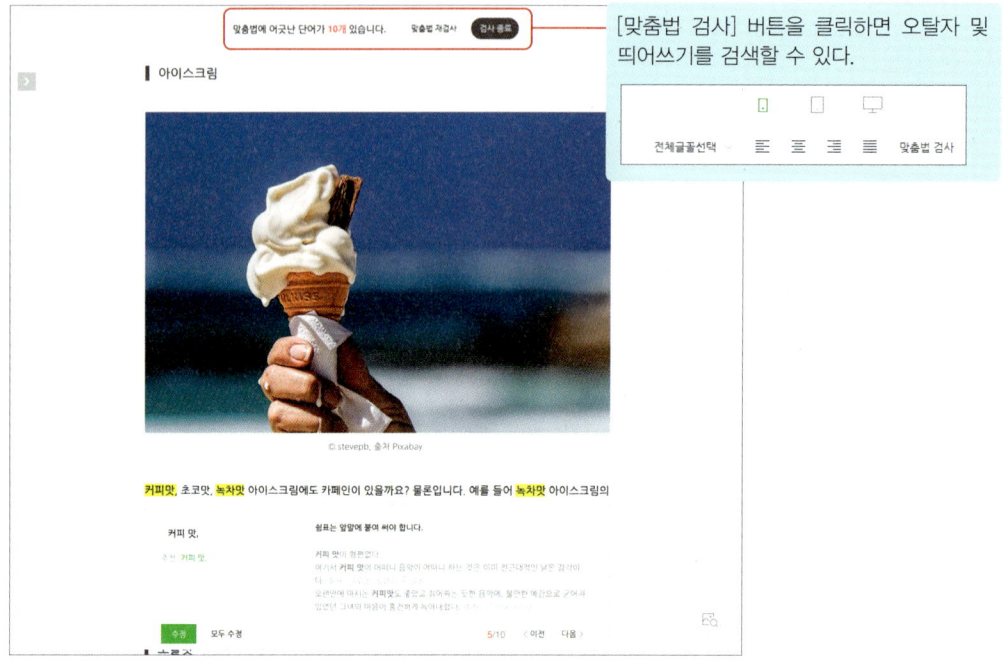

▲ 반드시 진행해야 할 맞춤법 검사

3-2. 예약발행하기

작성이 완료된 콘텐츠는 바로 발행하는 것보다 예약 발행하는 것이 좋다. 앞서 설명한 것처럼 콘텐츠는 미리 작성한 후 적절한 시기에 발행하는 것이 가장 좋기 때문이다. 예약 발행한 날짜를 꼼꼼히 챙기지 못할 경우 생각지 못한 때에 콘텐츠가 덜컥 발행될 수 있으니, 자신이 없다면 임시저장 기능을 활용하는 것이 좋다.

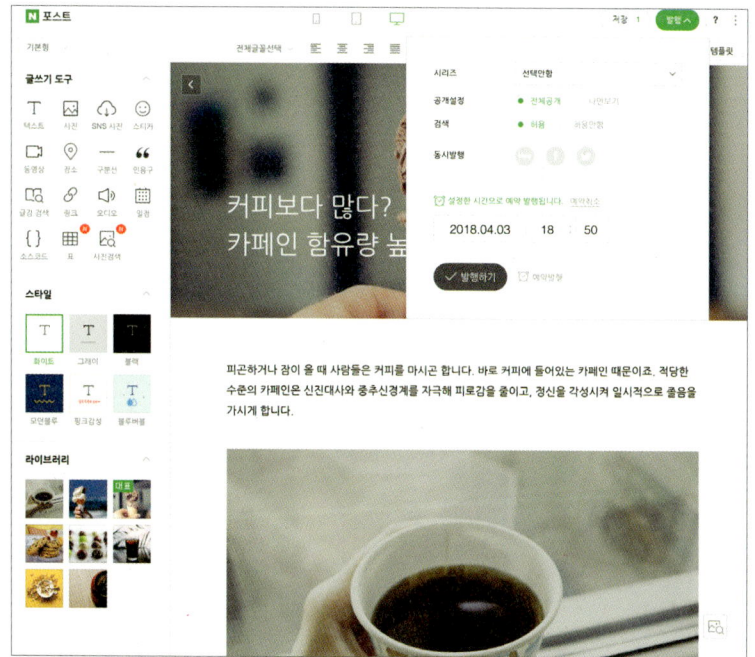

▲ 예약 발행 또는 임시저장 기능을 활용하자

3-3. 최종 점검하기

예약 발행 후 반드시 확인해야 하는 것은 PC와 모바일에서 보여 지는 화면이다. 물론 앞서 소개한 기능을 통해 PC와 모바일의 화면을 확인했겠지만, 예약 발행한 후 다시 한 번 실제 화면을 확인하는 것이 좋다. 대표 이미지 역시 원하는 것으로 잘 선택 되었는지 확인해야 한다. 대표 이미지는 전체가 다 나오는 것이 아니라 가운데 부분만 보여주기 때문에 비율과 무관하게 가운데 부분이 잘 보이는 이미지를 선택하는 것이 좋다.

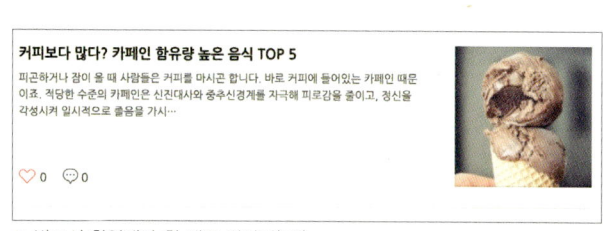

▲ 반드시 확인해야 할 대표 이미지(PC)

▲ 반드시 확인해야 할 모바일 가독성

Chapter 03_메인노출 콘텐츠 작성하기 135

| Chapter | 04

메인노출 진행하기

Lesson 01 편집자 이해하기
Lesson 02 장기적인 운영방법
Lesson 03 포스트 제대로 활용하기
Lesson 04 메인노출 이벤트 총정리

LESSON 01

편집자 이해하기

메인노출을 원한다면 주제판을 정확하게 분석하고 양질의 콘텐츠를 기획 및 작성할 수 있어야 한다. 거기서 끝이 아니다. 메인노출 콘텐츠를 선정하고 배열하는 것은 결국 주제판별 편집자이기 때문에 그들에 대해서도 어느 정도는 알고 있어야 확률을 조금이라도 높일 수 있다. 편집자들은 어떻게 일하고 있으며 무엇을 원하는지 하나씩 살펴보도록 하자.

1 _ 그들은 어떻게 일할까?

네이버 메인에는 서른 개가 넘는 주제판이 존재하며, 각각의 주제판마다 한 명 이상의 편집자가 콘텐츠 선정 및 배열을 담당한다. 그들은 내부적으로 작성한 콘텐츠를 비롯해 언론이 작성한 뉴스, 개인이나 기업이 콘텐츠를 중에서 적합한 것을 엄선해 네이버 메인에 노출한다.

편집자라고 해서 다 같은 방식으로 일하는 것은 아니다. 소속부터 다르기 때문이다. 네이버가 직접 관리하는 주제판의 편집자는 네이버 직원이며, 합작회사가 관리하는 주제판의 편집자는 해당 기업의 직원이다.

▲ 네이버가 운영하는 맘키즈판

▲ 테크플러스가 운영하는 테크판

같은 네이버 직원이라고 해도 담당하는 주제판의 특성에 따라 세부적인 부분에는 차이가 있으며, 합작회사들 역시 서로 다른 기업이기 때문에 운영방식에 차이가 날 수밖에 없다. 네이버 메인을 운영하는 대원칙은 하나지만 주제판에 따라 운영 방식에 차이가 있는 것은 바로 이 때문이다. 이것이 우리가 각각의 주제판을 독립적인 매체로 인식하고 접근해야 하는 이유다.

네이버는 내부적으로 콘텐츠를 생산하지 않기 때문에 개인과 기업들이 블로그와 포스트를 이용해 직접 콘텐츠를 생산할 수 있도록 독려한다. 블로그 포스트 데이와 파트너스 데이가 바로 이를 위한 행사다. 그러나 합작회사가 운영하는 주제판은 배열 뿐 아니라 콘텐츠의 생산도 직접하고 있어 내부와 외부의 콘텐츠를 함께 네이버 메인에 배열하고 있다.

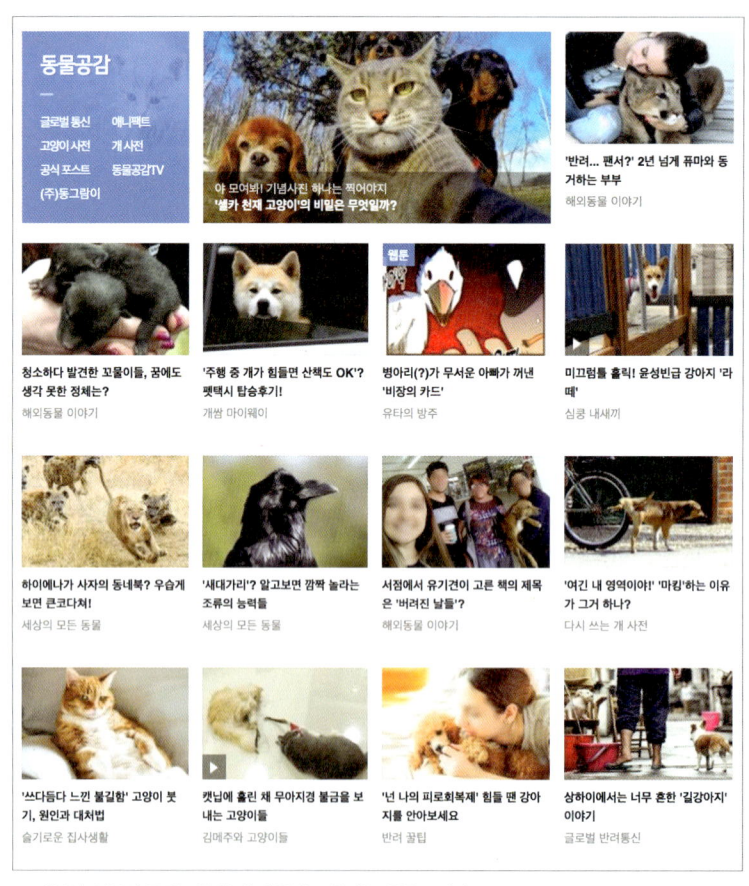

▲ 내부와 외부의 콘텐츠를 함께 메인에 노출하는 동물공감판

합작회사가 운영하는 주제판이라고해서 다 비슷한 형태로 운영되는 것은 아니다. 언론이나 기업 등 합작회사의 성격에 따라 주제판의 성격이 달라지기도 한다. 네이버와 한겨레의 합작회사인 씨네플레이는 영화판을 운영하는데, 기존에 영화 매거진을 운영해온 경험 때문인지 콘텐츠를 기획하고 선정하는 능력이 탁월하다. 영화 콘텐츠의 특성상 별다른 기획 없이도 충분히 대중적이고 흥미롭지만 그런 부분을 감안하더라도 전체 주제판 중 가장 콘텐츠 기획이 잘 되고 있는 주제판이라 생각한다.

▲ 흥미로운 콘텐츠 기획이 돋보이는 영화판

각 주제판마다 편집자가 다르다 보니 업무 방식에도 조금씩 차이가 있다. 어떤 주제판은 별도의 공지 없이 원하는 콘텐츠를 골라 노출하지만, 어떤 주제판은 노출 전에 댓글로 언제 어느 주제판에 노출될지 미리 알려주기도 한다. 업데이트 시간도 서로 다르다. 콘텐츠 작성 후 일주일이나 한 달이 지나서 메인에 노출되기도 하지만 작성한지 몇 시간 만에 바로 메인에 노출되는 경우도 있다. 주말에 발행한 글이 한 두 시간 만에 메인 노출되거나 새벽 1시에 메인 노출될 것이라고 알려주는 댓글을 남기는 것을 보면 업무 방식에 일관성이 있다고 보기는 힘들다.

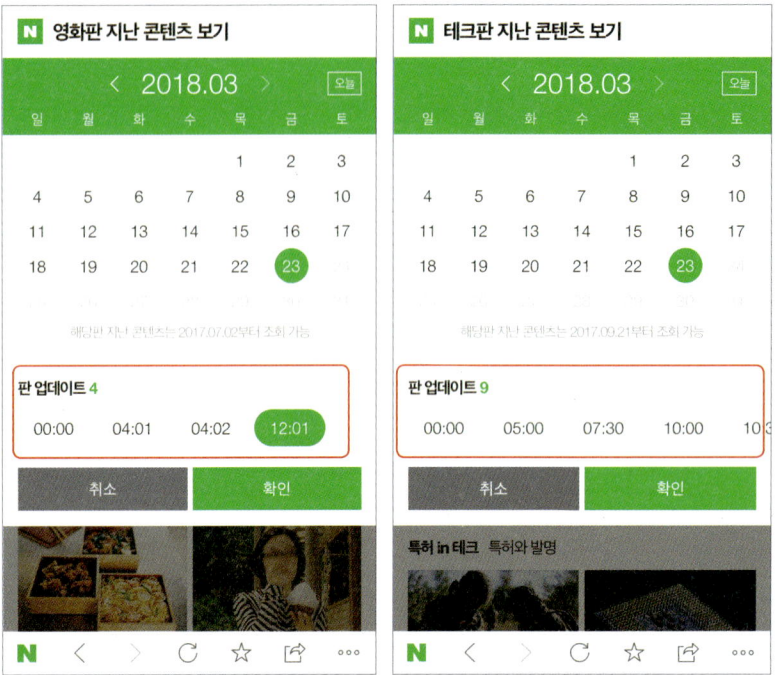

▲ 주제판마다 서로 다른 업데이트 시간과 패턴

그러나 전체적으로 봤을 때 사전에 정한 일정에 따라 주제판을 업데이트하며, 필요에 따라 하루 중 추가로 업데이트하는 형태로 운영된다는 점은 동일하다. 장황하게 설명했지만 우리가 알아야 할 것은 메인노출은 편집자가 진행하는 것으로 특별한 로직이 존재하지 않는다는 점이다. 그러니 과거에 하던 방식처럼 로직이나 방법론에 집착하지 말고 본인의 콘텐츠에만 집중해야 한다.

2 _ 그들은 무엇을 원할까?

우리가 메인노출을 원하는 것처럼 편집자들도 원하는 것이 하나 있다. 그것은 바로 많은 독자들이 읽고 공감할 수 있는 양질의 콘텐츠다. 이것은 단지 입바른 소리가 아니다. 많은 독자들이 읽는다는 것은 주제판 활성화의 지표인 트래픽이 높다는 것이며, 공감수가 높다는 것은 콘텐츠 선정에 따른 논란이 적다는 것을 나타낸다. 양질의 콘텐츠는 주제판의 완성도를 나타는 기초적인 요소다. 하지만 이 조건에 맞는 콘텐츠를 찾기란 쉬운 일이 아니다.

▲ 하루에도 수 백건의 콘텐츠가 필요한 네이버 메인

생각해보자. 주제판에 따라 차이는 있지만 최소 20건 이상의 콘텐츠가 매일 업데이트된다. PC 메인만 해도 28개가 넘으니 아무리 적게 잡아도 하루 500건 이상의 새로운 콘텐츠가 필요하다는 계산이 나온다. 매일같이 쏟아지는 콘텐츠들 가운데, 많은 독자를 유입시켜 주제판을 활성화할 수 있으면서 별다른 논란 없이 독자들의 공감까지도 얻을 수 있는 양질의 콘텐츠가 과연 몇 건이나 될까? 분명 충분하지 않을 것이다.

그들로서도 네이버 메인에 아무 콘텐츠나 적당히 노출할 수는 없기 때문에 콘텐츠 작성이나 선정에 더 신중할 수밖에 없다. 혹시라도 논란이 될 만한 콘텐츠를 노출할 경우 비난의 댓글이 에디터를 넘어 편집자에게 향할 수 있으며, 심한 경우 신고도 접수되기 때문에 메인노출 콘텐츠 선정은 그들에게 상당한 부담으로 작용할 것이다. 아무리 최선을 다 한다고 해도 편집자가 그 모든 콘텐츠를 다 꼼꼼하게 읽어보고 이해하며 검증까지 하기에는 현실적으로 무리가 있기 때문에 콘텐츠 선정에 따른 논란에서 완전히 자유로울 수는 없다.

각각의 주제판은 결국 네이버라는 가판대에 놓인 분야별 전문 매체라고도 할 수 있다. 이런 특성 때문에 잘 만들어진 콘텐츠가 절대적으로 필요하며, 내부적으로 직접 작성하지 않는 이상 출처가 명확하고 믿을 수 있는 콘텐츠를 선호할 수밖에 없다. 이런 이유 때문에 우리는 절대적으로 편집자와 독자를 만족시킬 수 있는 콘텐츠 그 자체에 집중해야 한다.

3 _ 확률을 높이는 실전 꿀팁

편집자들이 어떻게 일하고 무엇을 원하는지를 파악했다면 메인노출에 한 걸음 더 가까이 다가선 것이다. 이번에는 앞서 소개한 내용들을 토대로 필자가 다양한 주제판에서 메인노출을 진행하며 파악한 실전 꿀팁 세 가지를 소개하고자 한다. 당연한 것이라고 생각할 수 있지만 단순히 알고 있는 것과 실제로 겪어보는 것에는 분명한 차이가 있으니 검증된 부분이라 생각하고 반드시 참고하도록 하자.

3-1. 그들이 싫어하는 것은 하지 않는다

대부분의 주제판은 공식 블로그를 운영하고 있다. 그곳을 통해 다양한 공지를 전달하며 운영 방침 또한 안내한다. 여기에는 그들이 싫어하는 부분에 대해 분명히 언급하고 있는데, 많은 사람들이 이를 무시한 채 본인들이 필요한 부분에만 집중한다. 그들이 하지 말라는 것은 하지 않아야 함에도 이를 무시하고 본인의 욕심대로 콘텐츠를 작성하는 것이다.

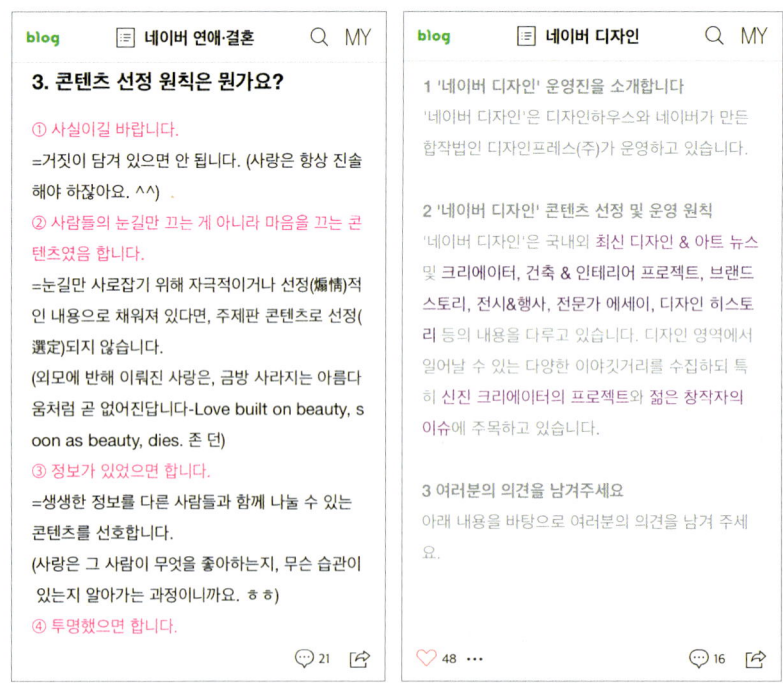

▲ 반드시 확인해야 할 주제판 운영 원칙

편집자가 제목과 내용이 상당히 좋아 메인에 소개해볼만한 콘텐츠를 발견했다고 하자. 그런데 본문 중간 중간에 상업적인 링크가 있고 홍보성이 두드러진다. 이렇게 되면 콘텐츠는 정말 마음에 들어 소개하고 싶지만 정책상 그럴 수 없게 된다. 에디터의 입장에서도 노출될 수 없어 아쉽겠지만 편집자 입장에서도 아쉬운 것은 마찬가지다. 물론 이는 예시일 뿐, 주제판 운영방침에 따라 차이가 있을 수 있다.

간혹 그들의 정책에 완전히 위배되는 콘텐츠가 메인에 노출될 수 있다. 하지만 이는 어디까지나 예외일 뿐, 그것을 기준으로 삼아서는 안 된다. '남들도 그렇게 해서 메인에 노출되던데 나는 왜 안 되느냐'고 생각하지 말고 그들의 정책을 따르자. 이것은 마치 '남들도 다 무단횡단을 하는데 왜 나만 잡느냐'고 항의하는 것만큼 무의미하다는 것을 잊어서는 안 된다.

3-2. 필요하지만 예상하지 못했던 콘텐츠를 제시한다

시즌마다 독자들이 궁금해하는 콘텐츠들은 어느 정도 정해져 있는 편이다. 그 시기에 맞춰 미리 관련 콘텐츠를 작성하는 것은 너무도 일반적인 것으로, 이미 많은 에디터들이 그렇게 하고 있다. 하지만 대부분의 경우 비슷한 컨셉과 내용으로 도배하기 때문에 편집자로서는 상대적으로 독특하고 눈에 띄는 콘텐츠를 찾을 수 없어 곤란을 겪기도 한다.

발렌타인데이 시즌과 관련된 주제들은 어느 정도 정해져있다. 발렌타인데이에 가볼만한 곳이나, 발렌타인데이 선물과 관련된 콘텐츠들은 거의 매년 반복되며 비슷한 것들이 넘쳐난다. 이런 상황에서 기존에 다뤄지지 않았던 새로운 내용을 담은 콘텐츠가 있다면 메인에 더욱 수월하게 노출될 수 있고, 노출되지 않더라도 한 번 더 편집자의 눈에 들 수 있을 것이다.

▲ 노출 확률이 상당히 낮은 시즌 관련 콘텐츠

이런 시기에는 아무리 참신하게 기획한 콘텐츠라 하더라도 비슷해지기 마련이며, 애초에 노출될 수 있는 영역이 더 좁아지기 때문에 차라리 이를 피해가는 것이 더 좋다. 시즌의 이슈와 아주 살짝만 겹치는 콘텐츠를 작성하는 것이다. 상대적으로 이런 콘텐츠의 수는 적기 때문에 오히려 경쟁력을 더 높일 수 있다.

시즌마다 반복되는 식상하고 흔한 주제의 콘텐츠로 편집자들을 피곤하게 만들지 말자. 에디터 본인에게도 시간과 노력 낭비일 뿐이다. 누구나 할 수 있는, 남들이 다 하는 그런 콘텐츠는 경쟁이 치열한 네이버 메인에 결코 노출될 수 없다. 물론 그런 뻔한 콘텐츠가 노출될 수는 있겠지만 그게 본인의 것은 아닐 것이다. 그러니 그들이 필요로 하지만 예상하지 못하고 있을 틈새 콘텐츠로 기회를 엿보도록 하자.

3-3. 그들을 곤란하게 만들지 않는다

편집자들을 곤란하게 만드는 방법에는 여러 가지가 있다. 그 중 하나가 바로 콘텐츠의 완성도에 신경을 쓰지 않는 것이다. 앞서 설명했듯이 모든 편집자가 메인에 노출되는 수많은 콘텐츠를 하나하나 꼼꼼하게 읽어보고 완벽하게 이해할 수는 없다. 물론 하나의 주제판을 담당하는 편집자이기 때문에 해당 주제에 대한 이해도는 높을 테지만 완벽함을 기대하기는 어렵다.

제목과 내용을 살펴보고 흥미로울 것 같아서 메인에 소개했는데 내용에 문제가 있어 독자들의 항의가 빗발친다고 해보자. 실제로 이런 일은 비일비재하다. 내용에 문제가 있는 콘텐츠를 메인에 노출할 경우 에디터도 곤란할 수 있지만, 그런 글을 메인에 노출한 편집자 역시 곤란해진다. '이런 글을 네이버 메인에 올리느냐', '일 똑바로 하라'는 원색적인 비난을 서슴지 않는 곳이 바로 네이버 메인이다. 간혹 신고를 접수하는 경우도 있는데 이 경우 편집자는 더욱 스트레스를 받을 수밖에 없다. 이렇게 곤란을 겪은 편집자가 다음부터 해당 채널의 콘텐츠를 메인에 소개하려고 할까? 대안이 없다면 모를까. 요즘처럼 전문 에디터가 넘치는 상황에서 굳이 그럴 이유는 없다. 말하자면 채널에 대한 독자와 편집자 모두의 신뢰를 잃게 되는 것이다.

메인노출된 콘텐츠를 마음대로 수정하는 것 또한 신뢰를 잃게 만드는 행동이다. 메인노출을 다시 없을 절호의 기회라고 생각해 본인에게 유리한대로 수정한다면 독자들은 해당 채널에 불만을 가질 뿐만 아니라 해당 콘텐츠를 메인에 노출한 편집자를 탓하게 된다. 편집자로서는 억울할 수밖에 없다. 본인이 확인하지 못했다면 모를까, 처음에는 없었던 내용이 추가된 것이기 때문이다. 어떤 경우에는 에디터가 메인노출된 콘텐츠를 삭제하기도 하는데, 이 경우에는 편집자가 급하게 다른 콘텐츠로 대체해야 한다. 24시간 사용자들에게 노출되고 있는 주제판에서 이런 문제가 발생한다면 편집자로서는 상당히 곤란해질 수 있다. 지속적인 메인노출을 원한다면 그들의 신뢰를 얻기 위해 어떻게 채널을 운영해야 할지 다시 한 번 생각해보고 행동하자.

LESSON 02

장기적인 운영방법

하나의 채널을 만들고 운영하는 데는 많은 시간과 노력이 소요된다. 짧은 시간 내에 빠르게 성과를 낼 수 있는 마케팅이라면 상관없을 수 있지만, 장기간 운영하면서 브랜딩을 해야 하는 메인노출 마케팅은 더욱 신중하게 운영해야 한다. 이번 레슨에서는 한 두 번의 메인노출이 아니라 장기적인 관점에서 채널을 어떻게 운영해야 하는지 살펴보도록 하겠다.

1 _ 월 단위로 계획 세워 운영하기

기업이 운영하는 채널이라면 어느 정도 장기적인 계획을 바탕으로 운영하겠지만, 개인이 운영하는 채널이라면 그렇지 않을 수 있다. 일반적인 소통을 위한 블로그 운영이라면 일상 콘텐츠를 주로 작성하다 그날의 상황에 따라 정보성 콘텐츠를 한 번씩 진행해도 무방할 것이다. 하지만 꾸준한 메인노출을 목표로 한다면 좀 더 체계적인 기획과 접근이 필요하다.

가장 중요한 것은 월 단위로 계획을 세워서 아이템을 기획하는 것이다. 매월 발간되는 매거진의 경우, 실시간 이슈를 기사화하는 것이 아니라 한 달 전부터 아이템을 기획하고 기사를 써나가기 때문에 매달 회의를 갖는다. 다음 달에는 어떤 이슈가 있을지 미리 파악해 아이템을 기획하는 것이다.

▲ 아이템을 미리 기획하는 매거진

개인 또는 기업들도 꾸준한 메인노출을 위해서는 흥미로운 아이템과 콘텐츠들을 미리 기획해 보아야 한다. 물론 실시간 이슈를 다룬 콘텐츠가 메인에 노출되지 않는 것은 아니다. 그러나 그런 콘텐츠들은 대부분 뉴스나 이슈를 다루는데 특화된 매체가 이미 풍부하게 생산하고 있기 때문에 섣불리 뛰어들지 않는 것이 좋다.

▲ 최신 이슈에 최적화된 뉴스 기사

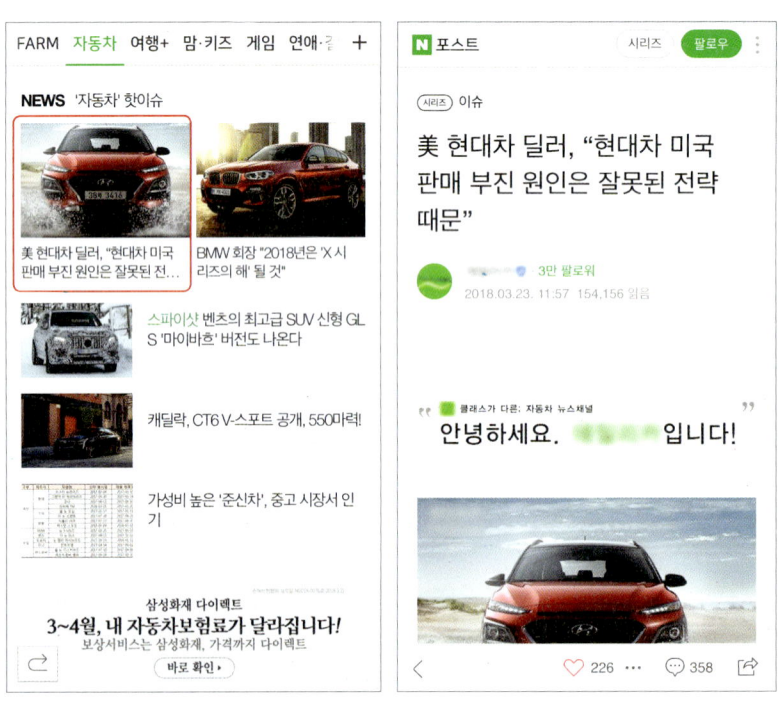

▲ 최신 이슈를 다루는 전문 매체

최선의 경쟁은 누구와도 경쟁하지 않는 것이며, 최고의 콘텐츠는 누구와도 경쟁하지 않는 콘텐츠다. 누구와도 경쟁하지 않으면서 가치 있는 본인만의 콘텐츠를 기획해 보도록 하자. 첫 달에는 어려울 수 있지만 꾸준히 하다보면 익숙해져 기발하고 좋은 콘텐츠를 기획할 수 있게 될 것이다.

사전 기획의 핵심은 콘텐츠를 미리 만들어 둔 상태에서 운영을 시작한다는 것이다. 계정을 만들자마자, 또는 아이디어가 떠오르자마자 콘텐츠를 작성하고 발행하는 경우가 많은데, 시간이 걸리더라도 기획과 완성도에 더 심혈을 기울여야 한다.

> **프로멘토의 노하우** | 사전 기획 콘텐츠의 네 가지 이점
>
> 콘텐츠를 미리 기획하고 작성하면 다양한 이점이 있다. 실시간 이슈는 다루지 못하겠지만 굵직한 이벤트들은 어느 정도 예상이 가능하며, 잃는 것 보다 얻는 것이 더 많으니 참고하도록 하자.
>
> 첫째, 콘텐츠의 경쟁력을 높일 수 있다.
> 이슈에 대응하다보면 비슷한 시기에 남들과 비슷한 콘텐츠를 만들 수밖에 없다. 그러나 사전에 기획한 콘텐츠는 이슈와 겹치지 않을 뿐 아니라 때에 따라서는 상호보완적인 관계가 될 수 있어 메인노출 확률을 조금이라도 더 높일 수 있다.
>
> 둘째, 콘텐츠의 질을 높일 수 있다.
> 1일 1포스팅에 익숙한 대부분의 블로거들은 콘텐츠의 퀄리티에 신경을 쓰기 힘들다. 그러나 정말 의미 있고 좋은 콘텐츠는 단기간에 만들어지지 않으며 오랜 시간 고민한 결과물인 경우가 많다. 장기적인 계획을 가지고 작성한 콘텐츠의 완성도가 더 높은 것은 당연한 결과다.
>
> 셋째, 안정적인 채널 운영이 가능하다.
> 사전에 아이템을 기획해두면 어떤 콘텐츠를 써야할지 매일 고민할 필요가 없다. 콘텐츠 역시 미리 만들어둔 상태이기 때문에 시간이 없어 콘텐츠를 작성하지 못한 날에도 세이브 콘텐츠를 꾸준하게 발행할 수 있다.
>
> 넷째, 이슈에 더 유연하게 대처할 수 있다.
> 사전에 아이템을 기획해두면 콘텐츠 발행에 대한 압박이 없기 때문에 얼마든지 중요한 이슈에 대응할 수 있다. 특정 시기와 무관한 사전 기획 아이템은 나중에도 얼마든지 사용할 수 있으니 중요한 이슈를 다룬 후에 발행해도 상관없다. 이슈를 다루는 것에 대해서는 주제판마다 차이가 있으니 주제판 분석 후 진행하도록 하자.

2 _ 양보다 질에 집중하기

블로그 운영에 익숙한 사람들은 콘텐츠의 질보다 양에 의존하는 경향이 강하다. 몇 개 이상의 콘텐츠를 작성해야 최적화가 된다고 하는 일련의 공식들 때문에 일기처럼 짧게라도 쓰는 것에 집착하는 것이다. 원하는 것이 일상 블로그라면 그렇게 해도 상관없다. 하지만 우리는 네이버의 모든 사용자들이 볼 수 있는 메인노출 콘텐츠를 목표로 하고 있기 때문에 절대적으로 양보다 질에 집중해야 한다. 질이 떨어지는 글은 아무리 써봐야 메인노출에 일절 도움이 되지 않기 때문이다.

▲ 의무감으로 작성하게 되는 1일 1포스팅

메인노출 되려면 몇 개의 글을 써야 하느냐는 질문을 종종 받는데, 가장 빠르게는 첫 글이 바로 메인노출된 사례가 있고, 단 몇 건의 콘텐츠만으로도 메인노출되는 사례가 상당히 많다. 블로그 최적화라는 개념 때문에 의무적으로 하루에 몇 개씩 써내는 방식은 메인노출과는 전혀 상관이 없다.

한 달에 하나의 콘텐츠를 작성하더라도 충분한 가치가 있고 완성도가 높다면 얼마든지 메인 노출이 가능하다. 물론 콘텐츠의 수가 적으면 검색 노출에 불리할 수 있다. 하지만 단기적으로 바뀌는 로직에 대응해가면 검색 노출을 노리는 것보다 네이버 메인을 통해 더 많은 독자들에게 노출되는 것이 의미 있다고 판단된다면 양보다 질에 집중하도록 하자.

▲ 에디터들의 만족도가 높은 메인노출

콘텐츠의 퀄리티가 조금 아쉽다고 생각한다면 급하게 발행하지 말고 더 신경을 써서 다듬도록 하자. 이 때문에 적절한 타이밍을 놓칠 수도 있지만, 편집자와 독자를 실망시키는 콘텐츠는 작성하지 않으니만 못하다. 메인노출은 꾸준히 이어져야 하는 것이며 채널에 대한 이미지를 독자들에게 꾸준히 어필해나가는 과정이기 때문에 절대적으로 주의를 기울여야 한다.

에디터는 콘텐츠 하나로 독자와 만난다. 독자는 콘텐츠를 작성한 에디터가 누군지는 자세히 모르지만 우연한 기회에 본 콘텐츠로 인해 그 채널에 대한 인식이 확고해질 수 있다. 메인노출을 꾸준히 하더라도 같은 독자가 다시 그 채널의 콘텐츠를 보게 될 확률은 반반이다. 어쩌다 우연히 그 콘텐츠를 보고 다시는 보지 않는다면 그 인식은 그대로 굳어질 수도 있다. 극단적인 예일 수 있지만, 하나의 콘텐츠를 만들더라도 완전히 완성한 상태로 내보내야 한다는 것이다.

오프라인에서 소비되는 상품이라면 고객과 만나 잘못된 부분에 대해 해명할 수 있는 기회가 있을지 모른다. 하지만 온라인을 통해 불특정 잠재 고객들에게 어필하는 상황에서는 우연히 마주친 한 번의 기회가 끝일 수 있다. 이탈리아 장인들이 한 땀 한 땀 정성들여 수를 놓듯, 콘텐츠 하나하나에 꼼꼼하게 신경을 쓰도록 하자.

3 _ 멈추지 말고 꾸준하게 운영하기

어떤 채널이든 마찬가지로 운영을 하다가 중단하면 얻는 것이 적다. 짧은 시간 내에 빠르게 성과를 낼 수 있는 마케팅이라면 상관없겠지만, 장기간 운영하면서 브랜딩을 해야 하는 메인노출 마케팅은 멈추는 순간 이전의 노력이 다 수포로 돌아갈 수 있다. 메인노출은 한 번으로 끝나는 것이 아니라 꾸준하게 이어가야한다. 중간에 콘텐츠 생산을 중단하게 되면 그동안 주제판을 분석하고 콘텐츠를 만들어온 노력이 무의미해질 뿐 아니라 노출 확률 또한 상당히 낮아지거나 완전히 끝날 수 있다.

▲ 꾸준하게 이어가야하는 메인노출

개인이나 기업 어떤 채널이든 콘텐츠 작성에 어려움이 있다면 중단하지 말고 콘텐츠 수를 줄여 최소한으로라도 유지를 시키는 것이 좋다. 중단을 하게 되면 노출 확률이 낮아지는 것은 물론, 그 사이에 일어날 수 있는 크고 작은 네이버 메인의 변화와 트렌드 파악에 뒤쳐질 수 있어 새로 시작할 땐 또 다시 모든 것을 분석하고 파악해야 한다.

메인노출 마케팅을 이어가기 위해서는 최선을 다해 기획하고 작성한 콘텐츠를 꾸준히 생산해야 한다. 꾸준할 수 있다면 분명 메인노출을 경험할 수 있지만 포기하면 절대 메인노출을 경험할 수 없다. 어떻게든 꾸준하게 운영하는 것이 진리라는 것은 메인노출 뿐 아니라 그 어떤 채널 운영에도 공통적으로 적용되는 말이라는 사실을 잊지 말자.

LESSON

포스트 제대로 활용하기

이번 레슨은 필자가 2016년 3월에 출간한 국내 최초의 네이버 포스트 관련 전자책에서 강조했던 포스트 운영의 핵심을 현재의 트렌드에 맞게 추가 보완하여 새롭게 정리한 것이다. 책의 내용을 접하고 실천했던 독자들의 상당수가 실제로 메인노출을 경험했으며, 지금도 수만 팔로워를 거느린 채널을 운영하고 있다. 필자 역시 책의 내용을 기초로 지속적으로 메인노출을 진행하고 있기 때문에 믿고 따라도 될 것이다.

1 _ 포스트 제대로 알기

'Chapter 01. 네이버 메인 이해하기'의 'LESSON 03 네이버 메인 살펴보기'를 통해 네이버 포스트가 메인노출에 가장 적합한 서비스라고 밝힌바 있다. '콘텐츠 전문가를 위한 플랫폼'을 표방하는 네이버 포스트는 '나의 하루가 기록이 되는 공간'을 지향하는 블로그와 달리 전문 콘텐츠를 위한 서비스이기 때문에 '신뢰할 수 있는 전문 콘텐츠'를 선호하는 네이버 메인에 더 적합할 수밖에 없다.

▲ 콘텐츠 전문가를 위한 플랫폼인 포스트

▲ 소소한 일상을 담는 블로그

물론 네이버의 의도대로 두 서비스를 적재적소에 활용하는 사례는 드물다. 여전히 많은 에디터들이 두 서비스의 핵심적인 차이를 깨닫지 못하거나, 알면서도 외면한 채 포스트를 잘못된 방법으로 운영하고 있다. 그러나 지금도 적지 않은 에디터들은 올바른 포스트 운영을 통해 메인노출을 꾸준히 경험하고 있으며, 네이버의 의도를 보다 빨리 파악하고 대응했던 1세대 포스트 에디터들은 더 이상 메인에 노출되지 않아도 경쟁력이 있는 포스트를 일궈낸 상태다. 이제 어떤 행동을 취해야 할지는 온전히 여러분의 선택에 달려있다.

▲ 팔로워순으로 정렬한 포스트 인기 에디터 순위

2 _ 실패하는 포스트 운영방법

블로그와 포스트의 근본적인 차이를 파악하지 못하고 마치 블로그를 운영하듯 포스트를 대하는 이들이 적지 않다. 블로그에서 하던 나쁜 습관들을 포스트에서도 반복하는 경우가 많은데, 혹시라도 다음에 소개하는 내용 중 해당되는 것이 있다면 당장 멈추도록 하자.

2-1. 본인의 시시콜콜한 일상을 적는 형태

마치 블로그에서 하듯 인사부터 시작해 자신의 일상을 전하고 장난스러운 말을 하다가 제대로 된 정보 전달 없이 마무리하는 포스트들이 상당히 많다. 이런 콘텐츠로 채워진 포스트는 아무런 쓸모가 없다. 정보 전달이라는 애초의 목적에도 부합하지 않으며 본인 외에는 그 누구도 만족시키지 못한다.

인스타그램에 성의 없는 사진과 장문의 글을 쓴다고 생각해보자. 과연 누가 팔로우를 하고 좋아요를 눌러줄까? 맞팔 친구 외에는 어느 누구도 반응하지 않을 것이다. 모든 플랫폼은 저마다의 특성과 알맞은 운영 방법이 있기 마련이다. 친목을 원한다면 SNS를, 일상의 기록을 원한다면 블로그를 이용하도록 하자.

2-2. 블로그에서 작성한 글을 그대로 복사해오는 형태

블로그에 작성해둔 글을 포스트에 그대로 옮겨오는 경우가 있다. 기존에 블로그를 운영하다가 포스트로 전환하고자 할 때 많이 사용하는 방법인데, 절대 추천하지 않는다. 그런 식의 전환은 단순히 홍보 채널을 바꾼 것에 지나지 않으며, 과장을 좀 섞는다면 블로그의 글을 인스타그램에 그대로 올리는 무리수라 할 수 있다.

포스트는 블로그와 닮은 구석이 많지만 엄연히 다른 서비스다. 포스트에 올리는 콘텐츠는 반드시 잘 정리된 정보성 콘텐츠로 모바일 환경까지 고려해 완전히 새롭게 작성해야 한다. 정보 전달에 적합하게 사진을 교체하고 전체적인 구성도 다시금 손을 보는 것이 좋다.

2-3. 일상적인 체험 후기를 작성하는 형태

체험 후기는 이웃과 소통하는 것이 목적인 블로그에 적합한 콘텐츠다. 하지만 많은 에디터들이 이런 콘텐츠를 포스트에도 동일하게 작성하고 있다. 이런 콘텐츠가 메인에 노출되지 않는 것은 아니지만 오히려 블로그에 작성했을 때 메인에 노출될 확률이 더 높기 때문에 비효율적일 수 있다.

이런 형태의 콘텐츠를 작성하는 포스트들도 존재하지만 전문 미디어인 경우가 대부분이며 개인의 비중은 극히 낮다. 전문 미디어의 에디터들이 체험한 후기는 하나의 기사로 인식되지만, 업체가 고객들의 후기를 정리한 것이나 개인의 체험 후기를 지속적으로 올리는 것은 단순 홍보로 여겨질 수 있다는 것을 명심하자.

2-4. 상품이나 서비스를 직접적으로 홍보하는 형태

기업 포스트에서 흔하게 볼 수 있는 형태다. 이런 포스트들은 대부분의 콘텐츠가 홍보성 문구와 키워드로 도배되어 있으며, 직접적인 홍보 문구가 포함되지 않더라도 이미지를 통해 관련 상품을 어필하고 있어 메인에 노출되지 못한다.

홍보가 주된 목적이거나, 특별히 강조하고 있지는 않지만 누가 봐도 홍보로 인식될 수 있는 콘텐츠들은 메인에 노출되기 힘들다. 전체적으로 이런 콘텐츠의 비중이 높다면 양질의 콘텐츠를 하나씩 끼워 넣는다 하더라도 메인에 노출될 수 없다. 이런 경우 장기적인 관점에서 밑그림부터 다시 그려보면서 우회적인 접근과 노출을 시도해 볼 필요가 있다.

2-5. 맞팔과 소통에 집착하는 형태

팔로워가 남긴 좋아요와 댓글이 상위노출에 도움이 된다는 것이 알려지면서 불법 프로그램을 이용해 무의미하고 반복적인 댓글을 뿌리고 다니는 에디터들이 상당히 많다. 유명 기업의 공식 포스트임에도 이렇게 운영하는 경우가 종종 있는데 안타까운 부분이 아닐 수 없다.

물론 이런 부분들이 당장의 상위 노출에는 도움이 될 수 있을지 모른다. 그러나 포스트를 통해 제대로 된 성과를 얻고 싶다면 이런 꼼수보다는 콘텐츠 그 자체에 더 신경을 써야 한다. 특히 한 기업의 공식 포스트라면 브랜드 가치를 높이는 전문 콘텐츠 작성에 집중하도록 하자.

3 _ 포스트 초기 운영 전략

포스트를 새롭게 개설해 운영하려는 이들에게 적합한 초기 운영 전략을 소개한다. 다른 챕터의 내용과 겹치는 부분이 있지만 포스트를 활용해 콘텐츠 전문가로 자리 잡기 위해서는 어떻게 기초를 다져야 하는지 단계적으로 짚어주고 있기 때문에 포스트를 처음 접하는 이들이 감을 잡는데 유용할 것이다.

3-1. 핵심 분야를 정한다

포스트는 블로그와 다르다. 다양한 주제를 다루는 것은 나중 일이며, 처음에는 본인의 핵심 분야를 정하고 거기에 집중해야 한다. 명확한 주제의 콘텐츠를 초반부터 탄탄하게 쌓아가야 메인노출의 짜릿함을 맛볼 수 있다. 핵심 분야는 본인이 가장 잘 아는 것으로 해야 하지만, 대부분 비슷한 분야를 목표로 때문에 차별화를 꾀할 필요가 있다. 남들이 잘 하지 않는, 잘 알려지지 않은 분야를 선택해 콘텐츠를 연재한 후, 어느 정도 자리가 잡히면 다른 분야로 조금씩 확장해 가는 것이 합리적인 접근 방법이다. 그래야 특정 분야를 선점할 수 있고 그걸로 영향력을 쌓아 다른 분야로도 쉽게 확장할 수 있기 때문이다.

3-2. 똑똑하게 베낀다

처음부터 뛰어난 콘텐츠를 기획해 낼 수는 없다. 때문에 운영 초기에는 자신과 비슷한 주제의 에디터들이 어떤 콘텐츠를 작성하는지 보고 거기서 파생된 콘텐츠를 기획해보는 것이 좋다. "마블 히어로 무비 연대기"라는 콘텐츠가 메인에 노출되었다면, "DC 히어로 무비 연대기"를 기획해 보라는 것이다. 이렇게 다른 에디터의 기획을 참고하면서 차츰 자신만의 스타일을 만들어 가야 한다. 실제로 네이버 메인에 노출되는 상당수의 콘텐츠들은 서로서로 아이디어를 직간접적으로 주고받는다.

3-3. 뻔한 콘텐츠는 피한다

어디에서든 볼 수 있는 단순한 콘텐츠는 피하는 것이 좋다. 그런 콘텐츠들은 이미 기존 에디터들이 충분히 잘 작성하고 있으며 네이버 메인에는 이미 그들의 콘텐츠가 잘 노출되고 있기 때문에 새로 시작하는 입장에서는 별다른 성과를 얻기 힘들다. 따라서 어느 정도의 수준에 오르기 전까지는 시의성 콘텐츠보다 기획형 콘텐츠를 다루는 것이 좋다. 예를 들어 단순한 어벤

저스3의 개봉 소식보다, 앞서 언급한 것처럼 마블 히어로 무비 연대기를 다루거나 마블 히어로 무비와 다른 시리즈 영화의 연관성을 다루는 콘텐츠가 더 좋을 수 있다는 것이다.

3-4. 텍스트와 이미지를 적절하게 배치한다

글로 가득한 콘텐츠를 인내심 있게 읽어줄 사람은 그리 많지 않다. 그렇기 때문에 텍스트 보다는 이미지의 비중이 더 높아야 한다. 기존 블로그와 마찬가지로 글과 이미지를 교차 배치해야 하며 이미지는 가독성을 해치지 않는 선에서 충분하게 넣어주는 것이 좋다. 저작권에 문제가 없는 이미지를 찾아 넣어야 하는 것은 물론, 텍스트의 길이가 부담스럽지 않은 수준이어야 한다. 간혹 인사말을 섞거나 자신의 일상을 말하기도 하는데, 그런 식의 소통은 블로그에 적합하며 포스트에서는 깔끔하게 콘텐츠만 제공하는 것이 가장 좋다. 네이버는 포스트 공식 채널을 통해 이 부분을 특별히 강조한 바 있다.

3-5. 제목과 대표이미지에 신경 쓴다

독자들은 제목과 대표이미지에 이끌려 콘텐츠를 선택한다. 따라서 독자들이 낡았다고 생각하지 않는 수준에서 이목을 끌 수 있는 포인트가 필요하다. 콘텐츠 전체 맥락에서의 비중은 약간 떨어지더라도 대중적으로 관심을 끌 수 있는 키워드를 제목 전면에 배치한다던가, 선택을 유도할 수 있는 대표이미지를 선정하는 것이 좋다. 대표이미지의 중요성은 백 번 강조해도 지나치지 않는다. 남성을 겨냥한 콘텐츠라면 여성이 등장하는 대표이미지를 선택하고, 여성을 겨냥한 콘텐츠라면 디자인이 예쁘거나 귀여운 이미지를 선택하는 것이 좋다.

3-6. 최신 기능을 적극 수용한다

네이버는 자신들의 신기능을 바로바로 수용하는 에디터들을 선호한다. 스마트 에디터3.0이 서비스를 시작했을 때는 그 기능을 적용한 글들만 따로 모아 포스트 메인에 노출해 주었으며, 사운드 포스트가 생겼을 때는 해당 기능을 적용한 에디터들을 별도로 모아 수상한 후 포스트 메인에 노출해 준 바 있다. 이는 단순히 기능에 한정되지 않는다. 네이버 포스트에서 공식적으로 진행하는 기능이나 서비스에 관심을 가진다면 분명 좋은 기회가 찾아올 수 있다.

3-7. 전문성을 쌓자

전문성을 인정받고 메인 노출의 기회를 얻기 위해서는 자신이 정한 핵심 분야의 콘텐츠를 꾸준히 작성해야 한다. 양보다 질이 더 중요한데, 매일같이 양질의 콘텐츠를 작성할 수는 없기 때문에 콘텐츠를 미리 작성해놓고 운영을 시작하는 것이 좋다. 처음에는 조회수가 적거나 반응이 없더라도 그 분야에 꾸준함과 정통함을 보여준다면 언젠가는 기회가 찾아올 것이다.

3-8. 다양한 콘텐츠를 갖추자

네이버 메인에는 최신 콘텐츠만 노출되지 않는다. 예전에 작성한 콘텐츠들도 한참이 지나 올라가곤 하는데, 편집자가 기존 콘텐츠들을 묶어 특집을 꾸미는 경우가 있기 때문이다. 편집자가 원하는 주제나 제목이기만 하면 언제든 메인에 노출될 수 있으니 본인이 다룰 수 있는 분야가 네이버 메인에 뜨는지 평소에 유심히 살펴볼 필요가 있다. 그리고 한 번 이상 뜬 콘텐츠는 약간 다른 형태로 하나 더 작성해두는 것이 좋다.

LESSON

메인노출 이벤트 총 정리

네이버 메인에 노출되는 방법은 크게 두 가지로 나눌 수 있다. 하나는 지금까지 살펴본 것처럼 메인노출에 적합한 콘텐츠를 준비해 편집자의 선택을 기다리는 것이고, 다른 하나는 지금부터 살펴볼 메인노출 신청 이벤트를 활용하는 것이다. 여기서 소개하는 이벤트를 활용하더라도 이 책에서 강조하고 있는 기본기에 충실하다면 더 좋은 성과를 거둘 수 있으니 반드시 두 가지 방법을 모두 활용하도록 하자. 한시적으로 진행되는 이벤트도 있기 때문에 장기간 진행되고 있는 대표적인 이벤트들만 소개하도록 하겠다.

1 _ 고정 이벤트

지금부터 소개하는 이벤트들은 에디터가 본인의 채널에 콘텐츠를 등록한 후, 해당 주제판에 메인노출을 신청하는 방식이다. 가이드가 명확하며 정기적으로 진행하고 있기 때문에 조금만 신경을 쓴다면 얼마든지 메인노출이 가능할 것이다.

1-1. 리빙판

가장 먼저 소개할 이벤트는 리빙판의 메인도전이다. 매달 시즌에 적합한 추천 키워드를 제시하기 때문에 거기에 맞춰 콘텐츠를 작성한 후 노출 신청 댓글을 남기면 된다. 리빙판은 독자의 대부분이 주부인데다 이들이 가장 선호하는 채널이 블로그이기 때문에 포스트 콘텐츠보다 블로그 콘텐츠의 비중이 더 높은 편이다.

01 리빙판 메인의 이벤트 배너를 선택한다. 배너가 보이지 않을 경우 '리빙N푸드'를 검색하여 공식 블로그에 들어가거나 간 후 '리빙 메인도전' 카테고리를 선택하면 된다.

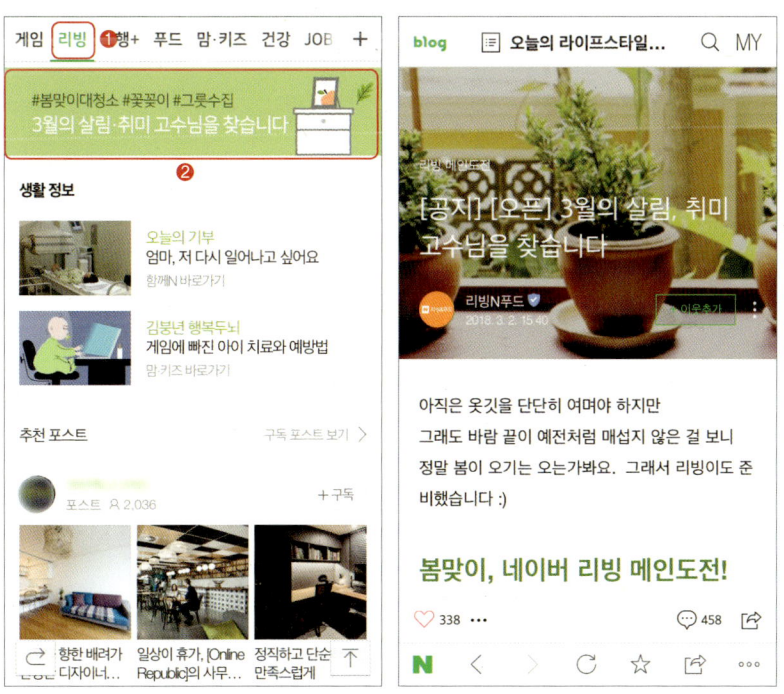

02 나열된 추천 키워드를 보면서 본인이 작성할 수 있을만한 아이템을 고민해본다. 블로그를 운영하고 있다면 리빙N푸드를 이웃추가한다. 포스트는 이웃추가가 불가능하니 신경 쓰지 않아도 된다.

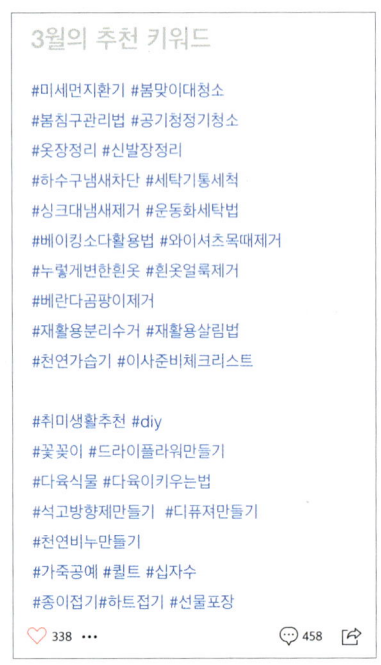

03 네이버 리빙이 지양하는 부분을 반드시 확인한다. 간혹 이를 무시하고 작성하는 경우가 있는데, 메인에 노출되고 싶다면 반드시 이 기준을 따르는 것이 좋다.

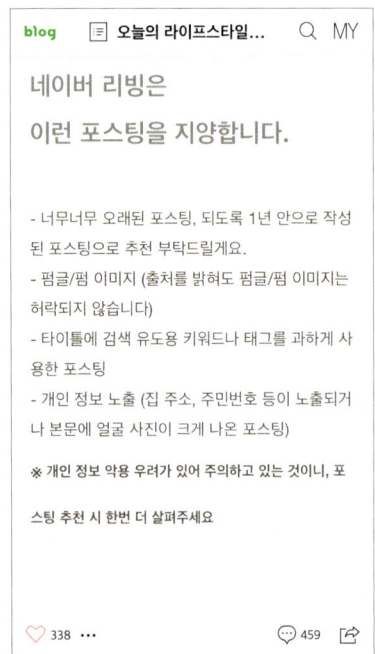

04 콘텐츠 작성 후 네이버 리빙 배너를 이동 링크와 함께 하단에 추가하면 노출 확률을 더 높일 수 있다.

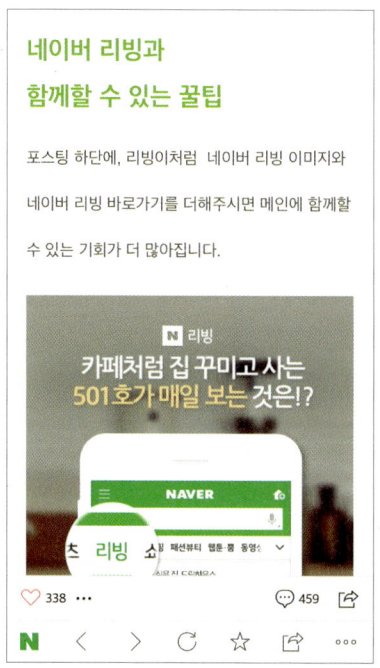

05 콘텐츠 작성 후 글을 공개로 해둔 상태에서 댓글로 URL을 남긴다. 이때 [살림], [취미] 같은 말머리와 간략한 설명을 덧붙인다. 반드시 비밀 댓글로 남겨야 한다.

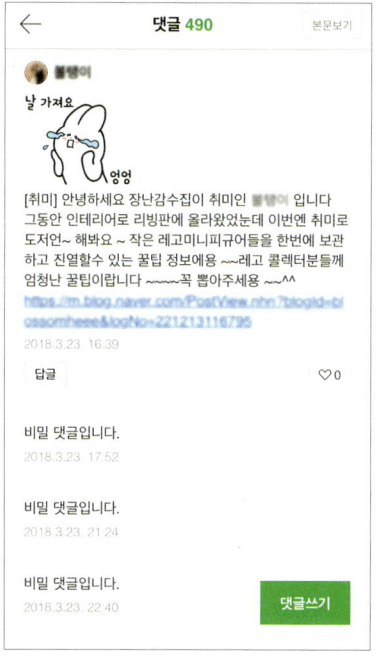

06 선정될 경우 리빙판 편집자의 댓글이 달리고 해당 콘텐츠가 리빙판 메인에 노출된다.

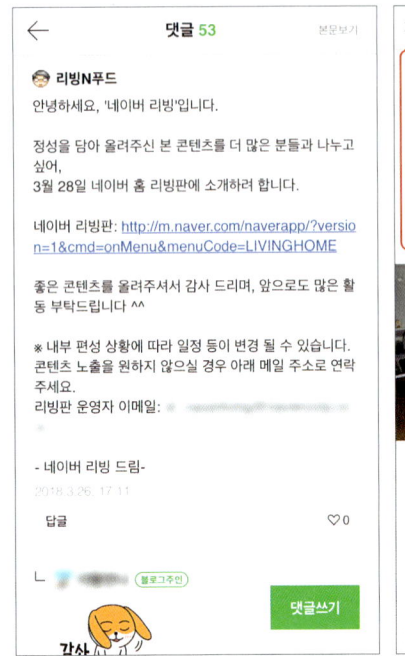

1-2. 푸드판

리빙판과 푸드판은 네이버가 직접 관리하며 공식 블로그 또한 동일하다. 메인도전 이벤트 역시 같은 방식으로 운영되는데, 푸드판 역시 포스트보다 블로그 콘텐츠가 더 강점을 보인다.

01 푸드판은 별도의 배너를 노출하고 있지 않기 때문에 리빙N푸드 공식 블로그(https://blog.naver.com/living_food)로 직접 들어가서 공지를 확인해야 한다. 공지의 '○월 푸드판 도전 이벤트'를 선택한다.

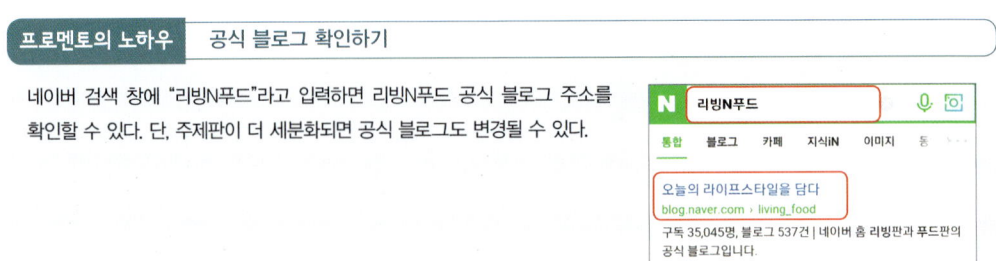

프로멘토의 노하우 | 공식 블로그 확인하기

네이버 검색 창에 "리빙N푸드"라고 입력하면 리빙N푸드 공식 블로그 주소를 확인할 수 있다. 단, 주제판이 더 세분화되면 공식 블로그도 변경될 수 있다.

02 추천된 키워드를 확인하면서 작성할 수 있을 만한 콘텐츠를 고민해본다. 제철요리에 관한 키워드는 항상 포함되기 때문에 공지가 뜨기 전에 미리 준비해 볼 수도 있다.

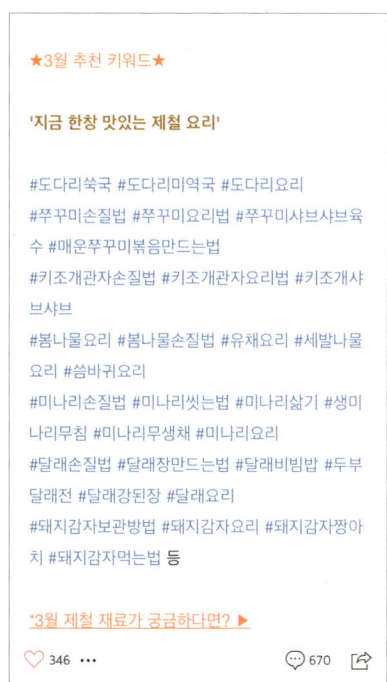

03 작성 가이드를 확인하고 거기에 맞춰 콘텐츠를 작성한다. 푸드판이 지양하는 콘텐츠도 반드시 확인해두어야 한다.

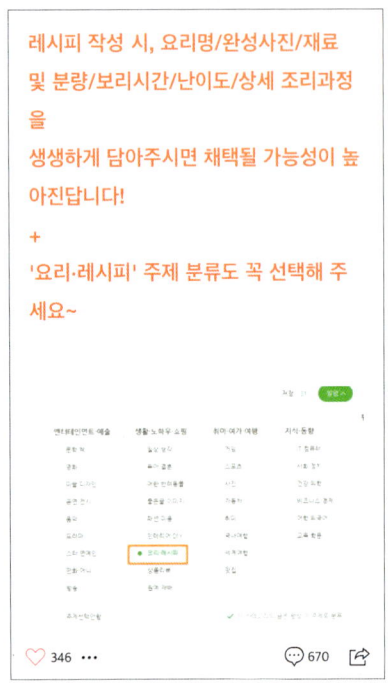

04 콘텐츠 작성 후 글을 공개로 해둔 상태에서 비밀 댓글로 URL을 남긴다.

05 선정될 경우 푸드판 편집자의 댓글이 달리고 해당 콘텐츠가 푸드판 메인에 노출된다.

1-3. 게임판

게임판의 경우 앞서 소개한 주제판들과 달리, '게임과 관련된 모든 창작물'이라는 단 하나의 주제만 제시한다. 팬아트, 영상, 피규어, 코스프레 등의 콘텐츠에 한정되며, 메인에 노출되는 날짜 또한 매주 일요일로 정해져있다.

01 게임판 하단의 '내 작품이 메인에?' 항목을 선택한 후 공지로 이동한다.

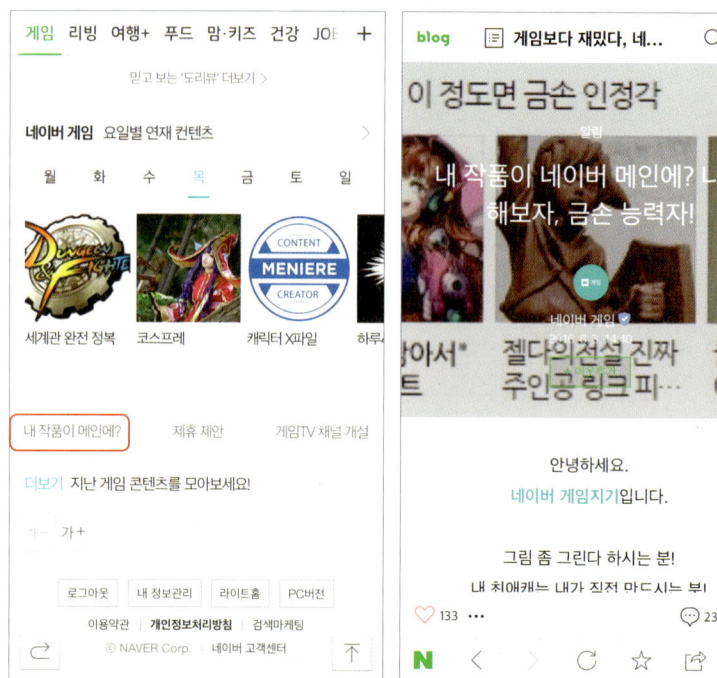

02 내용을 확인한 후 콘텐츠를 작성하고 비밀 댓글로 URL을 남긴다. 주간으로 진행되기 때문에 상대적으로 노출 여부를 빠르게 확인할 수 있다.

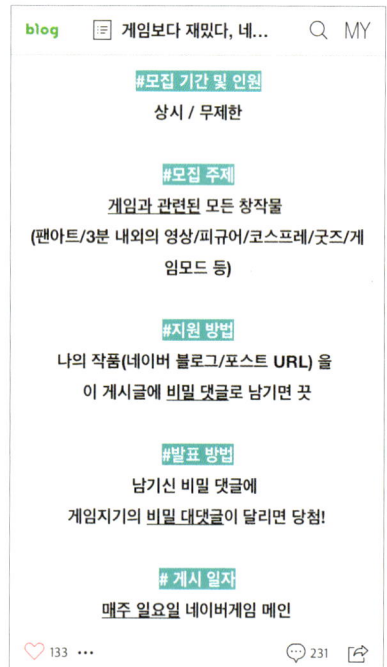

03 선정될 경우 매주 일요일 게임판 메인을 통해 소개된다.

2 _ 지원 이벤트

앞서 소개한 이벤트들은 본인의 채널에 콘텐츠를 작성한 후 URL을 공유해 노출하는 방식이었지만 지금부터 소개할 이벤트들은 그 형태가 조금씩 다르다. 주제판마다 차이가 있기 때문에 각각의 내용을 참고해 필요에 따라 활용하면 될 것이다.

2-1. 공연전시판

콘텐츠를 작성해 메일로 보내면 내부 검토 후 공연전시판 메인에 노출되는 방식이다. 원고를 투고하는 방식이기 때문에 채택될 경우 소정의 원고료를 지급하고 있다. 채널을 키울 수는 없지만 네이버 메인에 본인의 콘텐츠를 노출할 수 있는 기회이니 관심이니 있다면 지원해 보자.

01 공연전시판의 메인도전 배너를 선택해 공지로 이동한다.

02 공연과 전시에 관한 콘텐츠라면 무엇이든 가능하며, 200자 원고지 기준 5매 이상에 최소 2장의 이미지를 포함해야 한다. 저작권에 문제가 없는 이미지여야 하는 것은 물론이다.

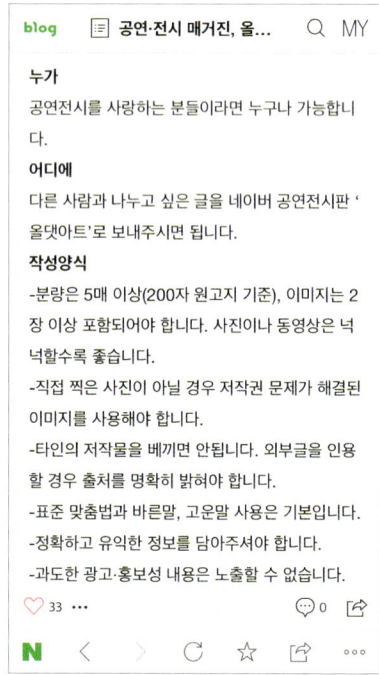

03 작성한 원고를 본인의 연락처와 프로필을 포함해 등록된 메일주소로 발송한다.

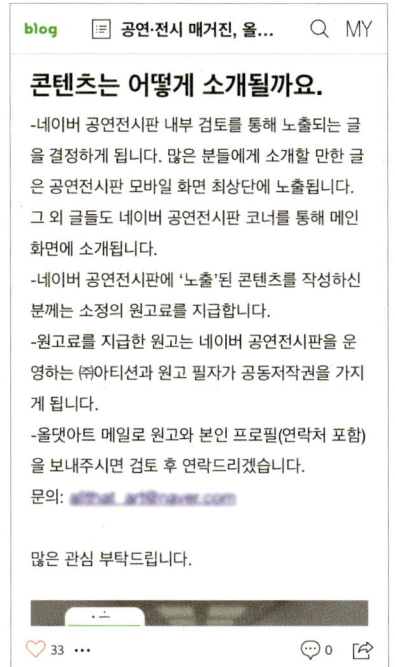

04 선정될 경우 공연전시판 메인에 소개된다.

2-2. 동물공감판

동물공감판 역시 리빙판과 푸드판처럼 키워드를 제시하는 형태의 이벤트를 진행하고 있다. 다른 이벤트들과 달리 반려동물의 동영상을 메일로 투고하는 방식이기 때문에 반려동물의 사랑스러움을 알리고 싶다면 한 번쯤 신청해볼 수 있는 이벤트다.

01 동물공감판 메인에 노출된 메인도전 배너를 선택한다. 만약 다른 배너가 보일 경우 새로 고침을 하면 확인할 수 있을 것이다.

02 동물공감판의 공식 계정들을 모두 구독한 후, 제시된 키워드를 확인하고 공식 이메일 주소로 동영상을 보내면 된다.

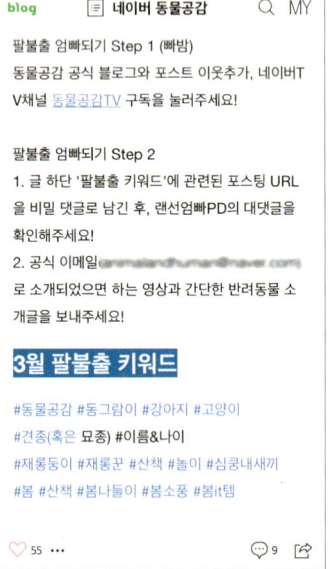

03 선정될 경우 동물공감판 애니비디오 코너에 소개된다.

2-3. 자동차판

자동차판은 편집자가 선택하는 콘텐츠 외에, 전문가픽이라는 코너를 통해 메인노출용 콘텐츠를 별도로 선별하고 있다. 독자들의 의견을 반영해 선정된 전문가들이 선정 이유와 함께 자동차 관련 콘텐츠를 매일 선별하는 방식으로 진행된다. 앞서 소개한 이벤트들과 달리, 에디터가 신청할 수는 없으며 기존 메인노출과 마찬가지로 선택 받는 방식이다. 선정 이유를 살펴보면 메인노출에 도움이 될 수 있으니 참고해 보도록 하자.

01 자동차판의 픽컨텐츠 소개 배너를 선택해 공식 블로그로 이동한다. 전문가픽 소개를 선택하면 전문가픽 제도에 대한 상세 정보를 확인할 수 있다.

02 전문가들이 선정한 콘텐츠 리스트를 확인할 수 있다. 스크롤을 내려 보면 매일 선정고 있는 것을 알 수 있다.

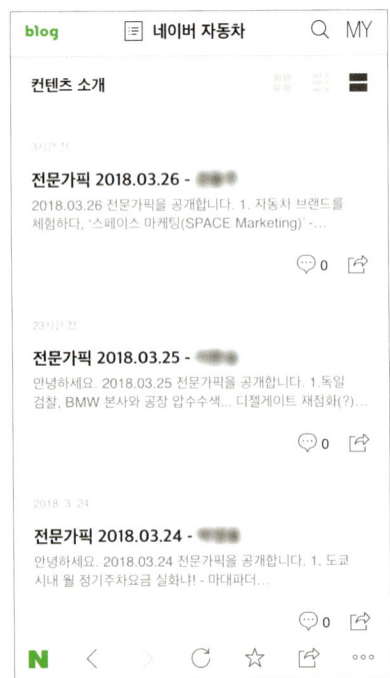

03 원하는 날짜를 선택하면 전문가픽 콘텐츠와 간단한 선정 이유를 확인할 수 있다. 이를 참고해 콘텐츠를 작성하면 메인노출 확률을 더 높일 수 있다.

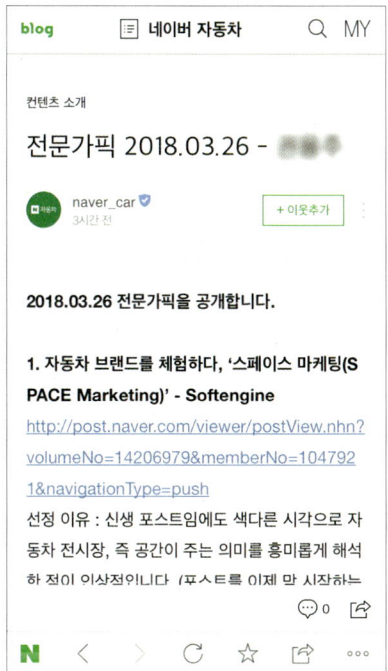

04 선정될 경우 자동차판 전문가픽 코너에 소개된다.

2-4. 패션뷰티판

네이버가 운영하는 패션뷰티판은 뷰스타라는 제도를 통해 뷰티 콘텐츠 크리에이터를 지원하고 있다. 콘텐츠 하나만으로도 메인노출할 수 있는 다른 이벤트들과 달리 전문 뷰티 크리에이터로서 꾸준한 활동을 보여주어야 하며, 선정 후에는 다양한 혜택을 누릴 수 있다. 뷰티 콘텐츠에 관심이 있다면 지원 자격과 혜택을 확인해 보도록 하자.

01 PC 또는 모바일 네이버에서 뷰스타를 검색한 후 뷰스타 소개 항목을 선택한다.

02 첫 화면에서 뷰스타 신청 조건을 확인할 수 있다. '뷰스타 기준/혜택 상세보러가기'를 선택하면 자세한 내용을 확인할 수 있다.

03 뷰스타에 대한 소개와 구체적인 기준을 명시하고 있다. 뷰스타로 선정될 경우 받게 될 혜택 역시 함께 소개하고 있다.

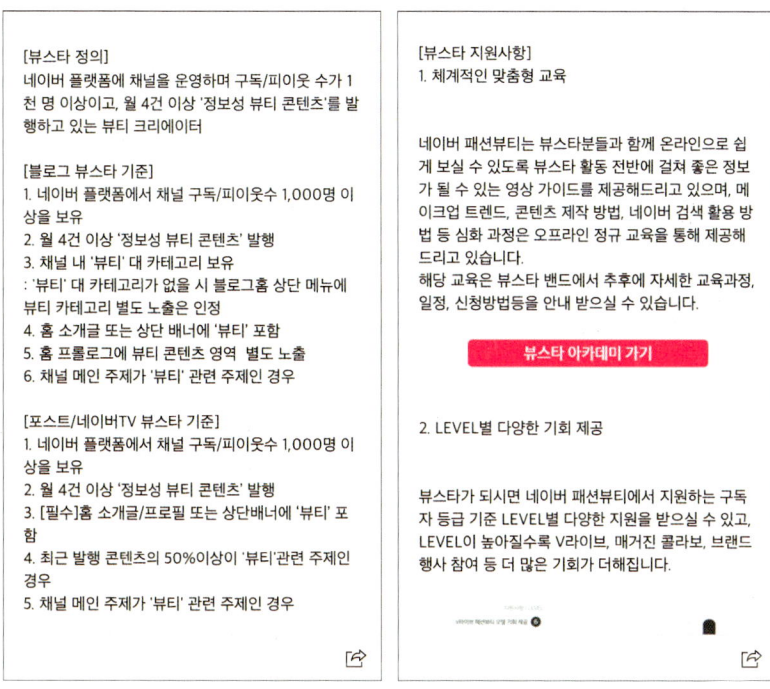

04 지원 자격이 될 경우, 첫 화면의 신청하기 항목을 선택해 신청서를 작성하면 된다. 여기서도 다시 한 번 지원 자격을 명시하고 있으니 반드시 해당 기준을 충족한 상태에서 신청하도록 하자.

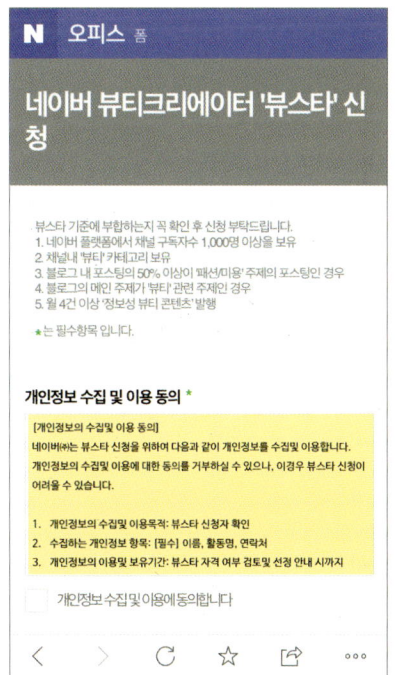

05 뷰스타로 선정될 경우 패션뷰티판 메인에 소개된다.

2-5. 기타 노출 신청이 가능 주제판

지금까지 소개한 이벤트들은 누구나 신청 가능하다. 하지만 앞으로 소개할 이벤트들은 개인보다는 특정 기업이나 기관에 적합한 것이기 때문에 간단히 소개만 하고 넘어가겠다.

❶ 동물공감판

동물공감판은 앞서 소개한 것 외에도 기업이나 기관이 반려동물 관련 행사, 이벤트, 강좌 등을 소개할 수 있는 이벤트를 진행하고 있다. 댓글로 업체명/이벤트 내용/이벤트 기간/이벤트 URL을 남기면 된다. 단 네이버 블로그, 포스트, 카페에서 작성된 콘텐츠의 URL이어야 한다.

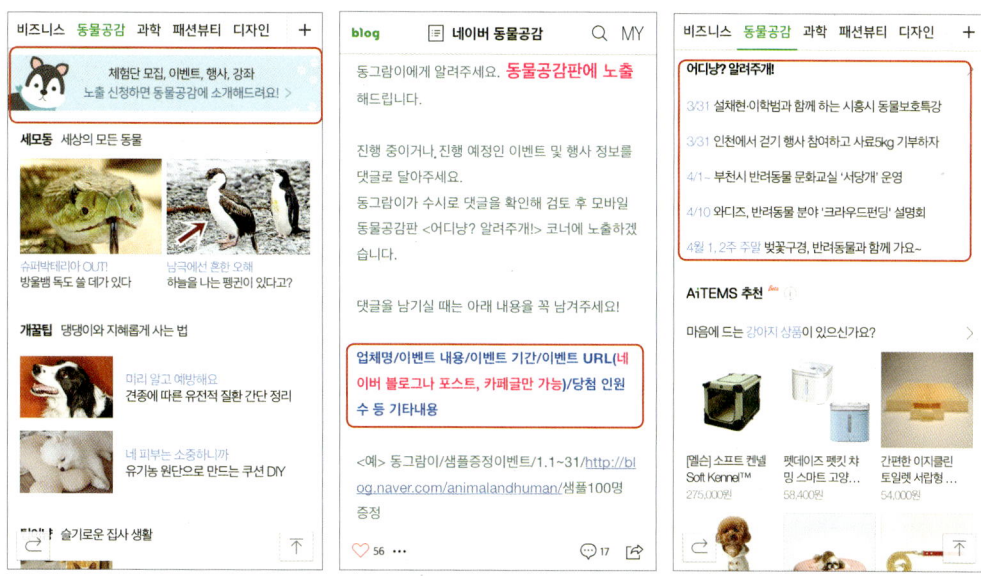

❷ 책문화판

책문화판은 출판사 공식 블로그나 포스트에서 작성한 콘텐츠가 주로 노출되는 영역이다. 이벤트 역시 출판사에게 필요한 신간 및 구간 소개, 책속한줄 소개, 각종 이벤트 및 저자강연 관련 내용만 신청이 가능하다. 각각의 항목마다 명확한 가이드가 있으니 참고하면 된다.

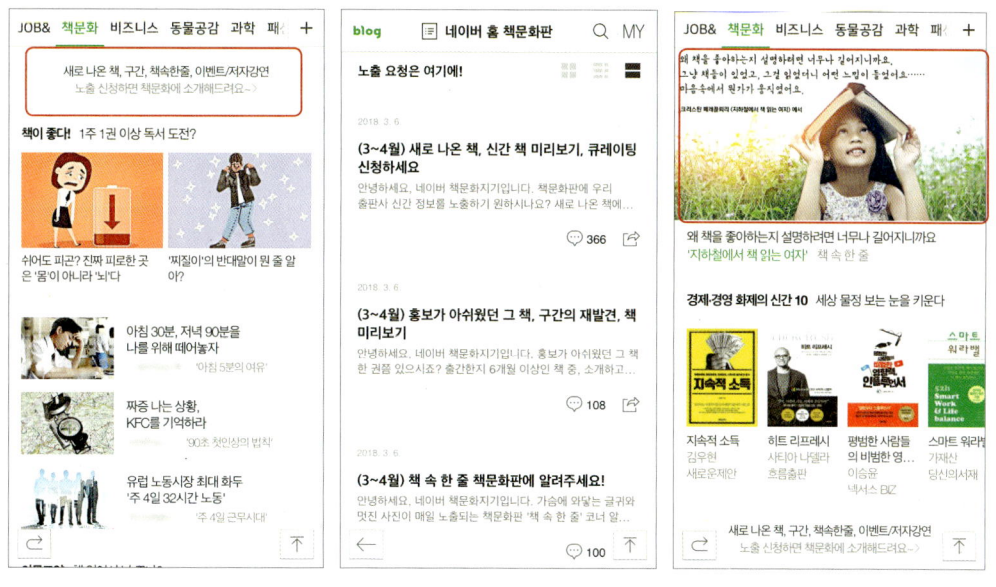

Chapter 04_메인노출 진행하기 183

3 _ 시즌 이벤트

네이버에서는 양질의 콘텐츠 확보를 위해 크게 두 가지 시즌 이벤트를 진행하고 있다. 하나는 스타에디터, 다른 하나는 블로그 포스트 데이다. 이밖에도 여러 가지 이벤트를 진행하고 있지만 이 두 가지가 대표적인 케이스라 할 수 있다. 어떻게 운영되고 있는지 살펴보고 기회가 된다면 참여해 보도록 하자.

3-1. 스타에디터

스타에디터 제도는 시즌제로 운영되는 대표적인 이벤트다. 과거에는 블로그 양성을 위해 파워블로그 제도를 장기간 운영했으나, 포스트 등장 이후 포스트 활성화와 보다 전문화된 콘텐츠 양산을 위해 스타에디터 제도를 신설했다. 시즌마다 다른 형태로 운영되고 있으며 최근에 시즌3을 진행했다.

스타에디터로 선정될 경우 장기간 메인노출이 가능하며, 이를 통해 강력한 브랜드와 채널을 구축할 수 있다. 포스트를 꾸준히 운영하고 있는 스타에디터의 상당수는 지금도 여전히 강력한 영향력을 행사하고 있다. 기회를 놓쳤다고 해서 실망할 필요는 없다. 스타에디터 제도는 2014년 이후 매년 진행되고 있기 때문에 앞으로도 분명 기회가 있을 것이다. 그러니 본인의 전문 분야에서 콘텐츠를 차근차근 준비해 보도록 하자.

❶ 스타에디터 시즌 1

시즌1에서는 분야별이 아닌 콘텐츠 유형별로 스타에디터를 선발했다. 하우투상, 꿀팁상 등의 이름에서 알 수 있듯이 독자들에게 실질적인 도움을 줄 수 있는 콘텐츠에 주안점을 두었던 것이다. 실제로 초기의 포스트는 다양한 템플릿을 제시하며 블로그와의 차별화를 시도했지만, 지금은 블로그와 동일한 스마트에디터3.0을 적용하고 스크롤형과 카드뉴스형만 제공하고 있다. 선발된 스타에디터들에게는 소정의 상금과 6개월간의 창작지원금이 제공되었으며 메인노출의 기회 또한 부여됐다.

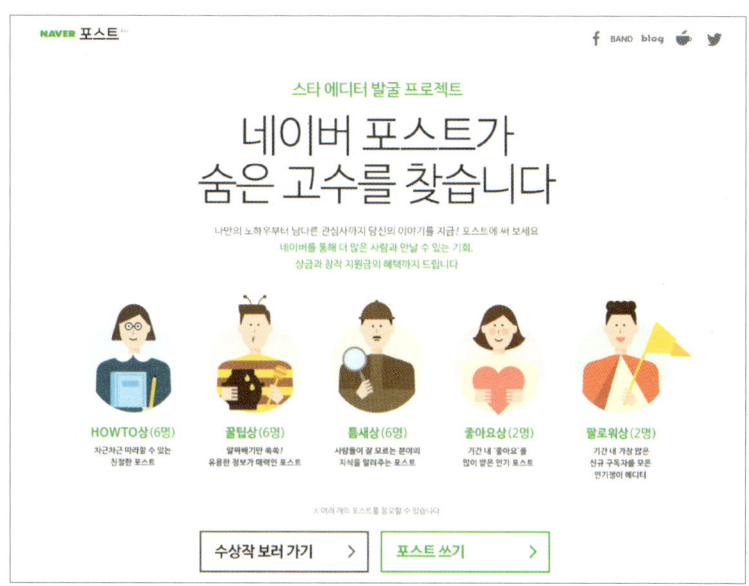

▲ 콘텐츠 유형별로 선정한 스타에디터 시즌1

❷ 스타에디터 시즌2

시즌2에서는 상대적으로 콘텐츠가 부족한 취미, 여행, 짠테크, 게임, 육아, 건강 등 8개 분야의 전문 에디터를 선발했다. 시즌1 스타에디터들의 후기를 앞세워 스타에디터의 이점을 강조하는 한편, 보다 명확한 가이드로 많은 콘텐츠 전문가들을 포스트로 이끌었다. 선발된 스타에디터들에게는 6개월간의 창작지원금과 메인노출의 기회가 제공되었으며, 우수 스타에디터 10인에게는 별도의 창작지원금이 추가로 제공되었다.

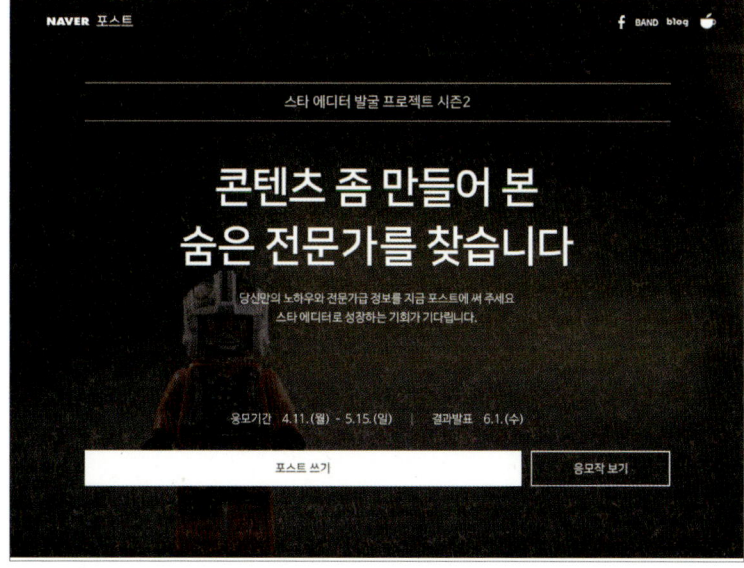

▲ 전문 콘텐츠가 부족한 카테고리의 전문 에디터를 선정한 스타에디터 시즌2

❸ 스타에디터 시즌3

마감 기간을 정해놓고 진행되었던 과거 시즌들과 달리, 시즌3부터는 매거진과의 콜라보를 내세우며 장기간에 걸쳐 에디터 선정을 진행했다. 앞선 시즌들과 달리 매거진에 연재할 수 있는 특전이 제공되기 때문에 상당한 참여율을 보였다. 선발된 스타에디터들에게는 상금과 함께 해당 매거진에 연재할 수 있는 기회와 창작지원금이 제공되었다.

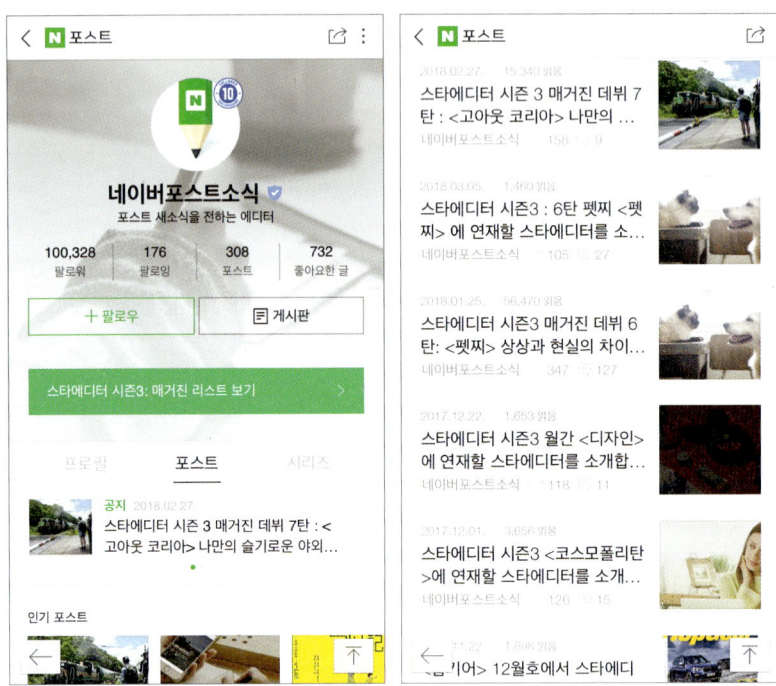
▲ 매거진과 콜라보로 진행한 스타에디터 시즌3

3-2. 블로그 포스트 데이

네이버는 언론과 진행하는 '미디어 케넥트 데이', 각종 전문 기업 및 기관과 진행하는 '파트너스 데이', 블로그 및 포스트 에디터와 진행하는 '블로그 포스트 데이', 포스트 에디터와 진행하는 '포스트 에디터스 데이' 등 무척 다양한 행사를 진행하고 있다. 과거에는 이 같은 행사가 적었지만 최근에는 사용자들과 더 많이 만나 정보를 공유하고 있다.

▲ 사상 처음으로 진행된 블로그 포스트 데이

이런 행사를 통해 공유하는 정보가 많지만 그 중 빠지지 않는 것이 바로 네이버 메인에 관한 내용이다. 네이버가 관리하고 있는 주제판의 주요 정보와 노출 노하우를 전하는 '경제M 파트너스 데이'와 '미용실 파트너스 데이'를 진행한 바 있으며, 실제 사용자들과 만나는 '블로그 포스트 데이'에서는 네이버가 관리하는 대부분의 주제판에 대한 정보와 노출 노하우를 전 한바 있다.

▲ 네이버 메인에서 잘 노출되는 콘텐츠 비법을 소개했던 블로그 포스트 데이

블로그 포스트 데이는 그들의 말대로 서비스 사상 처음 있었던 전국적인 행사다. 2016년 말에 처음 시작된 이 행사는 2017년까지 총 11회가 진행되었으며, 소통하지 않는다는 부정적인 이미지를 벗어던지고 각종 '카더라'를 바로잡는 한편, 어떻게 하면 좋은 콘텐츠를 작성할 수 있는지 구체적인 사례와 툴 활용법까지 두루 소개해 수많은 사용자들로부터 상당한 호평을 받았다. 이미 다 알고 있는 내용이라 생각할지도 모르지만 인사이트를 얻을 수 있는 부분이 많으니 기회가 된다면 반드시 참석해 보도록 하자.

| Chapter | 05

메인노출 관리하기

Lesson 01 메인노출 확인 방법
Lesson 02 메인노출 시 대응법
Lesson 03 메인노출 후 분석법
Lesson 04 실제 사례로 보는 메인노출

LESSON

메인노출 확인 방법

에디터는 언제 어떤 콘텐츠가 메인에 노출될지 명확하게 알 수 없다. 주제판 편집자가 댓글로 알려준다고 하더라도 날짜만 알 수 있을 뿐 정확한 시간을 알 수는 없다. 메인노출 후 어떻게 대응하느냐에 따라 효과가 달라질 수 있기 때문에 최대한 메인노출을 빠르게 확인한 후 제대로 대응해야 한다. 메인노출을 확인하는 방법은 크게 세 가지이며, 메인노출에 효과적으로 대응하기 위해서는 이 방법들을 모두 활용해야 한다.

1 _ 업데이트 시간 파악하기

주제판은 하루에 한 번 이상 업데이트된다. 목표로 하는 주제판이 분명하고 메인노출을 위해 특별히 기획한 콘텐츠가 있다면 업데이트 시간을 미리 파악해 가장 빠르게 메인노출을 확인하고 대응하는 것이 좋다. 메인노출은 크게 주제판 노출과 뉴스판 노출로 나뉘기 때문에 둘 다 살펴보아야 한다.

1-1. 주제판 업데이트 시간 확인

주제판마다 운영방침과 편집자가 다르기 때문에 업데이트 시간에도 차이가 있다. 어떤 곳은 24시간 중 언제든, 주말과 공휴일에도 업데이트되지만 어떤 곳은 별다른 예외 없이 규칙적으로 업데이트되기도 한다. 때문에 본인이 목표로 하는 주제판의 업데이트 시간과 패턴을 집중적으로 파악해 두어야 한다.

01 네이버앱을 실행해 본인이 목표로 하는 주제판으로 이동한다.

02 스크롤을 끝까지 내리면 더보기 항목이 나오는데 이를 눌러 지난 콘텐츠 보기 화면으로 이동한다.

03 상단에 표시된 날짜와 시간을 통해 아래 보이는 화면이 언제부터 언제까지 노출되고 있었던 것인지를 확인할 수 있다. 이 상태에서 좌우측 화살표를 누르면 동일 시간대의 전일과 익일로 이동할 수 있다.

04 최상단의 날짜 부분을 누르면 달력이 표시되는데 여기서 원하는 날짜(❶)와 업데이트 시간(❷)을 선택하고 확인(❸)을 누르면 그 시간대의 화면으로 이동할 수 있다.

05 여기서 판 업데이트라고 표시된 항목이 우리가 참고해야 할 부분이다. 업데이트 시간표가 아니라 업데이트된 내역이 기록된 것이기 때문에 날짜를 바꿔가며 최근 한 달 정도를 살펴봐야 한다.

06 어떤 날은 하루에도 10번을 업데이트하는가 하면 어떤 날은 5번 정도만 업데이트 되기도 하는데, 그중 업데이트 횟수가 적은 쪽을 기준으로 대략적인 업데이트 패턴을 확인하도록 한다.

07 JOB&판은 오전 4시 전후로 한 번 업데이트되고 오전 또는 오후에 한 번 정도 더 갱신되는 것이 일반적이지만, 건강판은 오전 12시에 한 번 업데이트되는 편이다.

요일과 그날의 이슈에 따라 주제판 업데이트 횟수는 달라질 수 있지만 고정적으로 업데이트 되는 시간대는 어느 정도 정해져 있기 때문에 이를 대략적으로 유추해야 한다. 업데이트 시간은 내부 정책에 따라 언제든 달라질 수 있기 때문에 최근 한 달을 참고하는 것이 좋다.

1-2. 뉴스판 시간표 확인

네이버의 기본 화면인 뉴스판에서도 주제판 별 추천 콘텐츠가 매일 소개된다. 지면 관계상 4~5개의 콘텐츠만 소개되어 노출 확률은 낮지만, 모바일 메인에 노출된 콘텐츠들 중 대표적인 것들이 함께 노출되기 때문에 확인해두는 것이 좋다. 네이버가 뉴스판 편집을 표기하면서 2018년 하반기에 부터는 달라질 수 있는 부분이니 참고만 하도록 하자.

01 뉴스판 역시 지난 노출내역을 확인할 수 있다. 스크롤을 내려 화면 중간 쯤 위치한 메인노출이력을 선택한다.

02 주제판의 더보기 항목과 유사한 화면이 표시되는데 업데이트 빈도가 높지 않은 주제판과 달리 뉴스판은 실시간으로 계속 업데이트되기 때문에 날짜(❶)와 시간(❷)을 직접 선택해 노출 현황을 확인하는 형태로 구성되어 있다.

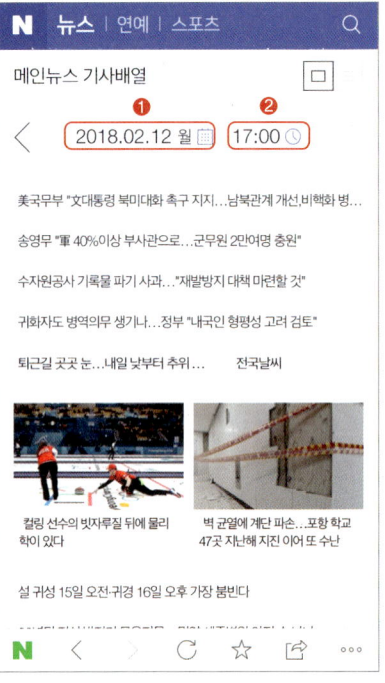

03 주제판별 추천 콘텐츠는 뉴스판 하단에 위치해 있다. 날짜와 시간을 바꿔가며 확인을 해보면 이 부분의 콘텐츠가 요일과 시간대에 따라 달라지는 것을 확인할 수 있을 것이다.

아래 표는 요일별 추천 콘텐츠의 업데이트 시간표다. 주제판마다 노출되는 시간이 어느정도 정해져 있기 때문에 큰 변동은 없을 것이다. 하지만 새로운 주제판이 계속 추가되고 있어 언제든지 달라질 수 있다. 아래의 일정을 기초로 하되 시간이 달라질 경우 한 시간 단위로 시간을 변경해가며 추적해보면 될 것이다.

요일	시간	주제판
월	오전 12시	책 문화
	오전 7시	비즈니스
	오전 2시	과학
	오전 7시	잡앤
화	오전 12시	테크
	오전 11시	맘키즈
	오후 6시	경제 M
수	오전 1시	동물공감
	오전 8시	FARM
	오후 2시	책문화
	오후 7시	영화
목	오전 12시	중국
	오전 9시	푸드
	오후 2시	리빙
	오후 7시	여행플러스
금	오전 8시	건강
	오후 3시	디자인
	오후 8시	패션뷰티
토	오전 1시	뮤직
	오후 10시	함께 N
일	오전 1시	주간테마별 최다 클릭 1차
	오전 11시	주간테마별 최다 클릭 2차
	오후 3시	공연 전시
	오후 10시	책문화

2 _ 앱 푸시 알림 활용하기

주제판 업데이트 시간을 파악하고 있더라도 모두 챙기기 힘들 수 있다. 이때 좋은 방법이 바로 앱의 푸시 알림을 활용하는 것이다. 블로그와 포스트앱에서 댓글이 달릴 때 푸시 알림이 오도록 설정해두면 댓글이 달리는 빈도에 따라 메인노출 여부를 짐작할 수 있다. 5~10분 사이에 댓글 알림이 지속적으로 울리게 되면 그 콘텐츠가 네이버 메인의 어딘가에 노출된 것이라고 봐도 무방하다. 물론 이 빈도는 주제판에 따라 차이가 있을 수 있다.

01 블로그앱에 로그인을 한 상태에서 우측 상단의 MY를 누르면 환경설정 항목(❶)을 확인할 수 있다. 환경설정을 누른 후 화면 가운데에 위치한 알림 종류에서 댓글 알림(❷)을 켜준다.

02 포스트앱에 로그인을 한 상태에서 우측 상단의 MY를 눌러 메인 화면 좌측에 위치한 설정을 선택한다. 설정화면에서 알림 설정(❶)을 누른 후 댓글, 답글 알림(❷)을 켜준다.

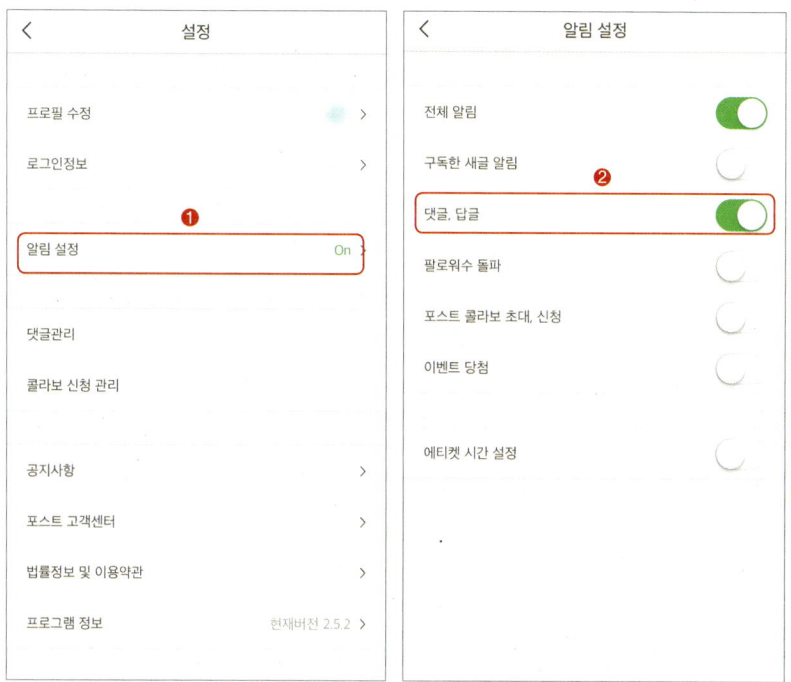

아이폰앱을 예로 들었지만 안드로이드앱도 큰 차이는 없다. 설정에 들어가 댓글 알림을 켜주기만 하면 된다. 기본적으로 켜져 있을테니 확인만 하고 필요한 알림들만 설정해 두도록 하자. 이제 내 콘텐츠가 네이버 메인에 노출되면 댓글 푸시 알림으로 메인노출을 짐작할 수 있을 것이다.

3 _ 놓친 메인노출 확인하기

업데이트 시간을 미리 파악하고 푸시 알림까지 켜두었더라도 놓치는 부분이 있을 수 있다. 메인노출 여부를 확인할 수 있는 또 하나의 방법은 통계 기능을 이용해 일간현황을 확인하는 것이다. 하루 중 언제라도 앱을 이용해 통계로 들어가면 실시간 조회수와 유입경로를 확인할 수 있다. 이 방법이 더 간단하다고 해서 여기에만 의존해서는 안 된다. 앞서 소개한 두 가지 방법과 병행해야 조금이라도 더 빨리 메인노출을 발견하고 대응할 수 있다.

3-1. 실시간 메인노출 확인하기

블로그앱이나 포스트앱을 사용할 경우 통계 기능을 이용해 실시간 조회수와 유입경로를 통해 메인노출을 파악할 수 있다. 블로그와 달리 포스트는 콘텐츠의 조회수가 바로 표시되기 때문에 갑자기 높아진 특정 콘텐츠의 조회수로 메인노출을 짐작해 볼 수도 있다.

01 포스트나 블로그앱을 실행한 상태에서 통계 항목으로 들어간다.

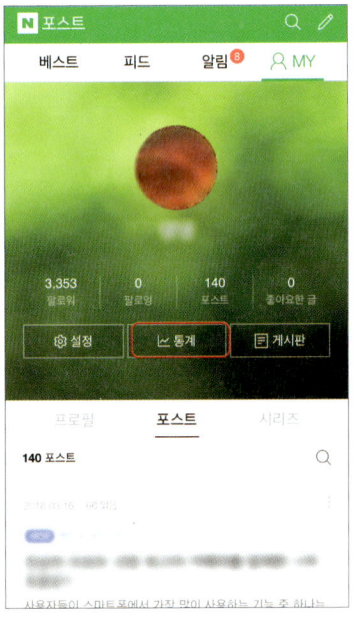

02 기본 화면인 일간현황(❶)에서 오늘 조회수를 실시간으로 확인할 수 있다. 평소와 비교해 조회수가 월등하게 높다면(❷) 유입경로를 확인해 보아야 한다.

03 화면 가운데에 있는 항목 중 유입경로(❶)를 눌러 실시간 유입경로를 확인한다. 검색을 통한 유입이 상위권에 올라있는 것이 일반적이지만 메인노출된 상태이기 때문에 네이버 메인_PC와 네이버 메인_모바일의 퍼센트가 높은 것(❷)을 확인할 수 있다.

04 구체적으로 어느 주제판을 통해 유입 되었는지 확인하기 위해 퍼센트 오른쪽의 화살표(❶)를 눌러준다. 유입경로에 ITTECH(❷)이 포함된 것을 확인할 수 있는데 이는 테크판을 가리킨다. 해당 링크를 누르면 실제 주제판으로 이동한다.

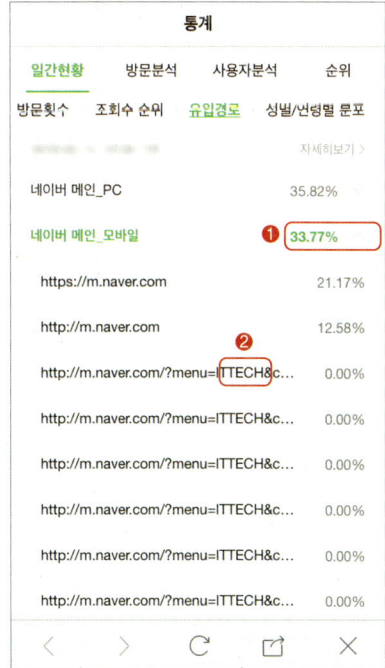

Chapter 05_메인노출 관리하기 201

05 주제판으로 이동한 모습이다. 상단 부분이 잘려 어떤 주제판인지 알 수 없을 경우 네이버 메인으로 돌아가 주제판을 확인해 보면 된다. 대부분의 경우 주제판 이름과 동일한 영어 단어가 대문자로 들어가기 때문에 어렵지 않게 알 수 있다.

3-2. 놓친 메인노출 확인하기

만반의 준비를 했다고 해서 모든 메인노출을 파악할 수 있는 것은 아니다. 자주 확인한다고 해도 바쁘다보면 놓치는 부분이 있기 마련인데, 심한 경우에는 메인노출 여부를 모른 채 넘어가 버리기도 한다. 예상하지 못했던 주제판에 노출되어 확인하지 못할 수도 있기 때문에 놓친 메인노출을 확인하는 방법도 알아 두어야 한다.

01 포스트나 블로그앱을 실행한 상태에서 통계 항목으로 들어간다.

02 최상단의 방문분석 항목(❶)을 누른 후 주간 항목(❷)을 선택한다. 일간이나 월간으로 확인할 경우 너무 광범위해 메인노출 내역을 빠르게 찾기 힘들다. 12월 11일에 그래프가 치솟아 있으며 18만 가량의 조회수가 발생한 것을 알 수 있다.

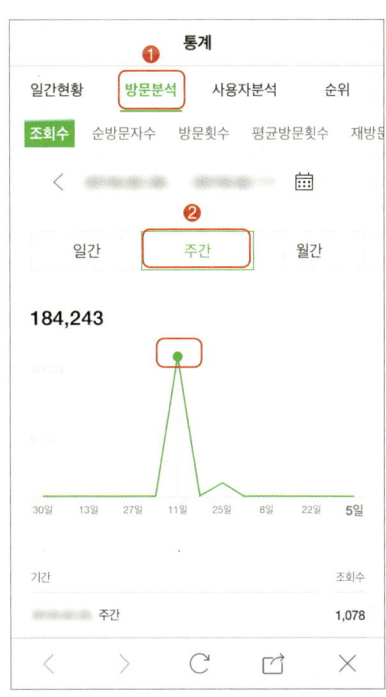

03 메인노출이 있었던 날짜를 확인했으니 어떤 주제판에 노출되었던 것인지 확인해야 한다. 최상단의 일간현황 항목(❶)을 누른 후 날짜를 선택(❷)해 해당 일을 선택하도록 하자.

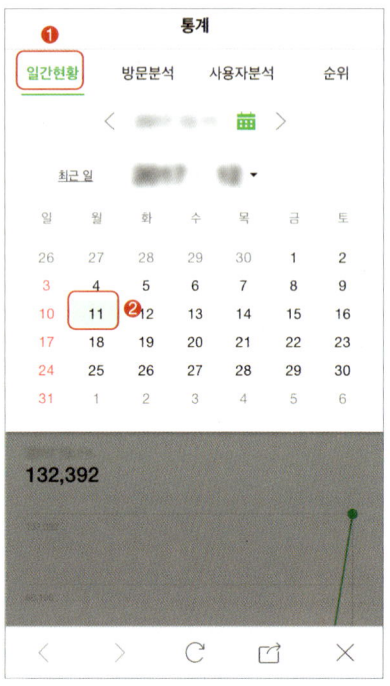

04 일간현황에서 화면을 아래로 내려 유입경로를(❶) 선택한다. 80%에 달하는 유입이 네이버 메인_모바일(❷)에서 발생했다는 것을 알 수 있다.

05 네이버 메인_모바일 항목(❶)을 눌러 어떤 주제판에 노출된 것인지 확인해보자. FINANCE, 즉 경제M판으로부터 유입된 것을 확인(❷)할 수 있다. 해당 링크를 누르면 실제 주제판이 열린다.

06 이 링크는 해당 콘텐츠가 노출된 주제판으로 연결되는 것이기 때문에 그 당시의 화면을 표시하지는 않는다. 이번에는 어떤 콘텐츠가 노출되었던 것인지 확인하기 위해 주제판 업데이트 시간 확인에서 사용했던 지난 콘텐츠보기 기능을 활용하도록 하자.

07 경제M 판(❶)으로 이동한 뒤 화면을 제일 아래로 내려 더 보기 항목(❷)을 선택한다.

08 날짜를 통계에서 확인한 날로 변경하고 [확인] 버튼을 누른다.

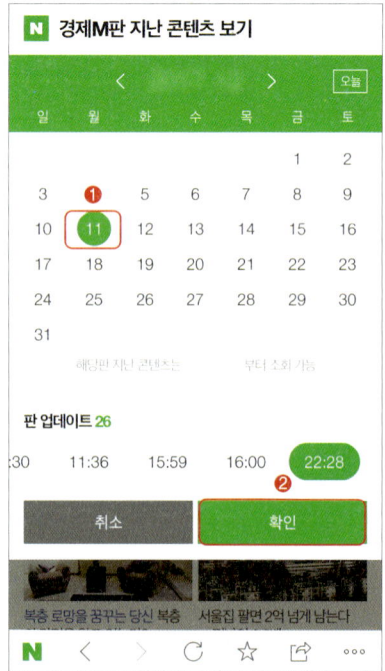

09 메인노출 되었을 당시의 화면을 확인할 수 있다. 여기서 본인이 작성한 콘텐츠를 찾아 보면 된다. 찾을 수 없다면 이전화면으로 돌아가 주제판 업데이트 시간을 조금씩 변경해 보면 된다.

LESSON

메인노출 시 대응법

메인노출을 만드는 것만큼이나 메인노출 이후의 대응도 중요하다. 신경 써야 할 부분들이 많지만 그 중에서 가장 중요한 것은 바로 독자들이 남기는 댓글이다. 이 댓글에 어떻게 대응하느냐에 따라 메인노출의 최종적인 완성도가 달라질 수 있기 때문이다. 이번 레슨에서는 댓글이 왜 중요하며 어떻게 대응해야 하는지 살펴보도록 하겠다.

1 _ 메인노출 시 주의사항

주제판과 노출 위치에 따라 차이는 있지만 메인노출이 시작되면 단 시간 내에 유입이 빠르게 증가하며 댓글이 달리기 시작한다. 콘텐츠가 기획, 구성, 제목, 이미지 등 모든 면에서 흠 잡을 데 없다면 긍정적인 댓글이 달리겠지만 허점이 있을 경우 독자들은 그 부분을 집요하게 파고든다.

블로그와 달리 포스트에는 베스트 댓글 기능이 있어 누군가가 콘텐츠의 오류를 지적하면 빠르게 공감이 늘어 베스트 댓글로 등록되기 때문에 더욱 주의를 기울여야 한다. 베스트 댓글은 여론을 확인할 수 있다는 점에서는 긍정적이지만, 문제가 있는 콘텐츠라면 독자들의 날카로운 지적에서 자유로울 수 없기 때문에 주의를 기울여야 한다.

▲ 독자들의 피드백이 명확한 메인노출 댓글창

실제로 적지 않은 에디터들이 본인도 모르는 사이에 메인노출을 겪으며 여기에 제대로 대응하지 못해 곤란한 상황에 빠진다. 개인이라면 마음의 상처를 입을 수 있고 기업이라면 브랜드에 부정적인 영향을 끼칠 수 있기 때문에 준비되지 않은 메인노출은 오히려 독이 될 수 있다.

메인노출을 목표로 하는 에디터라면 충분한 검토 후에 콘텐츠를 발행할 것이다. 그러나 아무리 꼼꼼하게 본다고 하더라도 에디터가 미처 확인하지 못한 부분이 있을 수 있고 이런 부분일수록 독자들의 눈에 더 잘 띄기 마련이다. 단순한 오탈자라면 그나마 괜찮지만 사실과 다른 부분이 있거나 그것이 논란이 될 만한 내용이라면 문제가 심각해 질 수 있다.

메인노출을 늦게 파악하면 이런 부분들이 여지없이 독자들에게 노출되기 때문에 메인노출을 통해 오히려 부정적인 인식을 쌓을 수 있다. 따라서 메인노출은 최대한 빨리 확인해 내용을 다시 한 번 꼼꼼하게 확인해봐야 하며, 잘못된 내용이 있다면 빠른 시간 내에 바로 잡아야 한다. 독자들이 댓글로 지적해주기도 하니 확인 후 빠르게 수정해야 할 것이다.

▲ 독자들의 눈에 더 잘 띄는 오탈자

일부 에디터들은 메인노출이라는 기회를 악용해 콘텐츠에 기존에 없던 홍보링크를 슬쩍 추가하거나 본인에게 유리한 방향으로 내용을 수정하기도 한다. 그러나 앞으로도 꾸준히 메인노출하고 싶다면 절대로 이런 행동을 해서는 안 된다. 메인노출된 콘텐츠에서 가능한 수정은 오직 잘못된 내용을 바로 잡는 것뿐이라는 사실을 잊지 말도록 하자.

2 _ 대응 기준 정하기

독자들의 댓글에 어떻게 대응할 것인지는 사전에 미리 정해두어야 한다. 답글을 달지 말지, 달게 된다면 어느 선까지 어떻게 달지를 정해두지 않으면 곤란한 상황에 처할 수 있다. 명확한 기준 없이 내키는 대로 답글을 달게 되면 자신에게 유리한 내용에만 대응한다는 항의를 받을 수 있고 주먹구구식으로 채널을 운영하는 것처럼 보일 수 있다. 그러니 내키는 대로 답글을 달 것이 아니라 명확한 기준을 세운 후 거기에 맞춰 독자와 소통해야 한다.

단, 모든 댓글에 답글을 남기겠다는 기준은 좋지 않다. 콘텐츠에 따라 독자들이 남기는 댓글의 수는 매번 달라지는데, 적을 때는 괜찮지만 많아지면 답글을 남기는 것이 상당한 부담이 될 수 있기 때문이다. 물론 독자와의 적극적인 소통을 원하는 에디터이거나 별도로 전담하는 인원이 있을 경우에는 괜찮을 수 있다. 그러나 모든 댓글에 일일이 대응하다가는 더 중요한 일을 하지 못할 수 있다는 것을 잊어서는 안 된다.

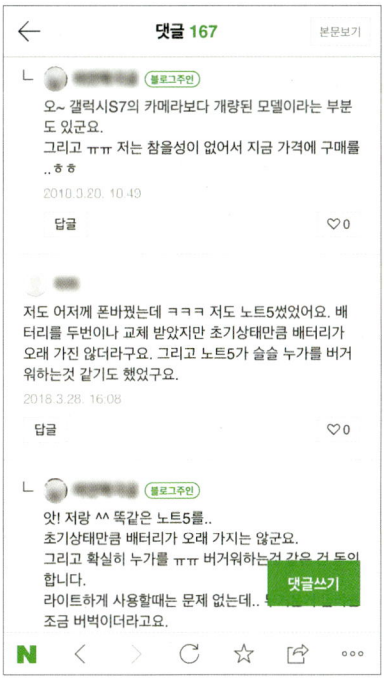

에디터들 중에는 독자들의 댓글에 천국과 지옥을 오가는 이들도 있다. 그러나 절대로 독자들의 댓글에 일희일비해서는 안 된다. 에디터의 의도를 알아주고 공감해주는 댓글을 보게 되면 세상을 얻은 것 같은 기분이 들지만, 반대로 문제점을 지적하고 인신공격에 가까운 댓글을 보게 된다면 하루 종일 기분이 나쁠 수 있다. 상황에 따라 얼마든지 달라질 수 있는 것이 독자의 반응이기 때문에 너무 심각하게 받아들이지 말고 콘텐츠의 완성도에 더 집중해야 할 것이다.

3 _ 댓글 관리하기

메인노출된 글은 보통 하루 동안 노출된다. 새로운 콘텐츠가 최상단에 스택처럼 쌓이는 주제판은 시간이 갈수록 독자들의 댓글이 뜸해지기 때문에 초기에만 집중적으로 지켜보면 되고, 메인에서 내려간 후에는 거의 댓글이 달리지 않으니 신경 쓰지 않아도 된다. 메인에 노출된 후 달리기 시작하는 댓글은 크게 5가지 유형으로 나눌 수 있다. 유형에 따라 어떻게 대응해야 하는지 살펴보도록 하자.

3-1. 콘텐츠에 공감하는 댓글

독자들이 공감을 표한다는 것은 그만큼 잘 작성된 콘텐츠라는 증거다. 주제 선정이 좋고 내용도 충실하다면 독자들로 부터 공감과 격려의 댓글을 받을 수밖에 없다. 이런 것이 쌓여 브랜드에 대한 호감을 만들기 때문에 하나를 작성하더라도 독자가 인정할 수밖에 없는 콘텐츠를 만들어야 할 것이다. 공감을 바탕으로 자신들의 의견을 내놓는 경우도 있다. 이럴 경우 댓글창이 서로의 의견을 나누는 대화의 장이 되기도 하기 때문에 상당히 긍정적인 부분이기도 하다.

3-2. 콘텐츠의 오류나 문제점을 지적하는 댓글

콘텐츠에 문제가 있을 경우 최대한 빠르게 수정해야 한다. 그대로 놔두면 다른 독자들도 그 댓글에 공감하게 되고 얼마 지나지 않아 그 댓글이 베스트 댓글로 선정될 수 있다. 그런 댓글은 하나로 끝나지 않는다. 같은 문제점을 두고 또 다른 누군가가 댓글을 남기기 때문에 나중에는 전체 댓글이 다 그 문제에 대해서만 이야기하게 된다.

이렇게 콘텐츠에 대한 부정적인 반응이 불거지기 시작하면 콘텐츠의 기획 의도와 전달하려고 했던 부분은 전달되지 않고 그 부분에 대해서만 모든 독자의 관심이 쏠린다. 댓글을 먼저 본 후 본문을 읽을지 말지를 결정하는 독자들도 있기 때문에 최대한 빠르게 본문의 문제점을 확인하고 수정할 필요가 있다.

3-3. 콘텐츠에서 제시한 내용으로 서로 논쟁을 벌이는 댓글

애초부터 논란이 될 만한 주제라면 어쩔 수 없는 부분이다. 물과 기름처럼 섞일 수 없는 분야가 존재하며, 서로 자신의 말이 더 옳다고 주장하거나 근거도 없이 무작정 자신의 주장을 펼치면서 상대방을 비난하는 경우도 생길 수 있다. 문제가 심각해지면 댓글을 확인해 논란을 일으키는 계정을 차단하는 것이 깨끗한 댓글창을 만드는 방법이 될 것이다.

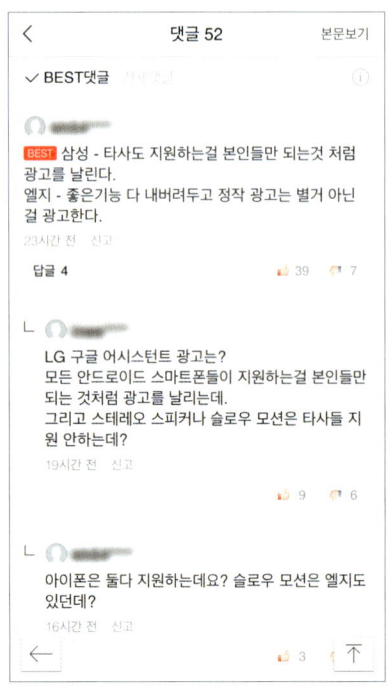

그러나 에디터가 내용을 전달하는데 있어 명확하게 설명하지 못한 부분 때문에 독자들이 이런 반응을 보인다면 반성해야 한다. 독자에게 메시지를 분명하게 전하기 위해서는 누가 읽어도 쉽게 이해하고 오해가 없도록 작성해야 하기 때문이다. 이 부분에 부족함이 있어 독자들을 서로 싸우게 만들게 해서는 안 될 것이다.

3-4. 광고 및 소통을 요청하는 댓글

메인에 노출되면 빠지지 않고 달리는 댓글들이 바로 여기에 속한다. 계정을 바꿔가며 같은 내용을 댓글을 반복적으로 다는 이들이 적지 않은데, 네이버 메인을 자주 들여다보면 이런 이들이 거의 모든 메인노출 콘텐츠에 댓글을 달고 다닌 다는 것을 알 수 있다. 이런 이들은 계정을 차단해도 다른 계정으로 또 다시 들어오기 때문에 매번 삭제와 차단을 반복할 수밖에 없다. 이런 댓글을 남겨두게 되면 독자들로 하여금 관리하지 않는 것처럼 보여지게 할 뿐 아니라 독자들이 이들을 지적하는 댓글이 달릴 수 있기 때문에 에디터에게는 좋을 것이 전혀 없다. 그러니 이런 댓글들은 빠짐없이 삭제와 차단을 반복해주도록 하자.

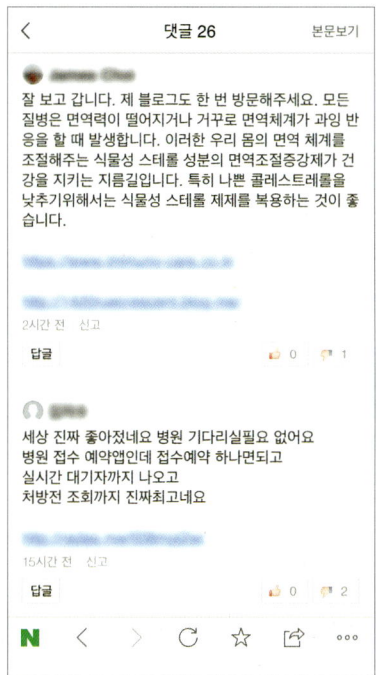

소통을 요청하는 댓글에 어떻게 반응할지는 에디터의 선택에 달려있다. 실제로 사용자가 직접 방문해 댓글을 남기는 경우도 있지만 프로그램을 통해 무작위로 남기는 경우도 많기 때문에 주의를 기울여야 한다. 이들과 소통을 원한다면 답방을 통해 관계를 이어가도 되지만 대부분의 경우 큰 의미가 없으니 무시하는 것이 좋을 수 있다.

3-5. 무반응

경우에 따라서는 아무런 댓글도 달리지 않을 수 있다. 흥미로운 주제가 아니거나 독자들의 반응이 뜨겁지 않은 일부 주제판에서는 이렇게 아무런 반응도 없을 수 있다. 독자들이 공감을 표하고 긍정적인 남기는 것보다는 못하지만 문제점을 지적하거나 논란이 되는 것보다는 나으니 경우에 따라서는 차선의 반응이라 생각된다. 그러나 논란이나 문제를 일으키지 않는 선에서 독자들이 반응할 수 있는 콘텐츠를 지향하는 것이 바람직하다.

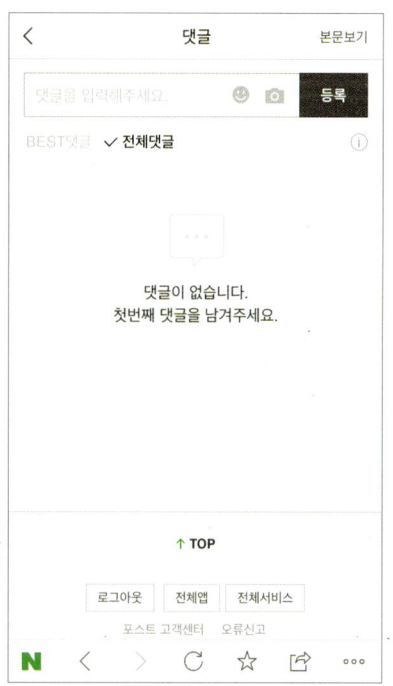

LESSON

메인노출 후 분석법

메인노출은 꾸준히 이어갈 때 의미가 있다. 때문에 메인노출 대응 후 반드시 분석 과정을 거쳐 배울 점은 배우고 고칠 점은 고쳐야 한다. 다음의 과정을 통해 치밀하게 메인노출을 분석한다면 분명 좋은 성과가 있을 것이다. 이런 과정이 익숙해지면 장기적으로 메인노출 확률을 높일 수 있을 뿐 아니라 메인노출을 통해 원하는 성과를 내는 확률 또한 높일 수 있다.

1 _ 노출 정확도 확인하기

메인노출을 어느 정도 경험하다 보면 분명히 노출이 될 것이다 싶은 콘텐츠가 있기 마련이다. 이런 예상이 들어맞는 경우도 있지만 그렇지 않은 경우도 있다. 채널을 운영하면서 쌓아야 할 능력에는 여러 가지가 있지만, 메인노출에 대한 정확도를 높이는 것 역시 콘텐츠를 작성하는 것만큼 중요하다.

1-1. 노출 영역

메인노출 분석 시 가장 먼저 해야 할 일은 어떤 콘텐츠가 어느 주제판에 노출되었는지를 파악하는 것이다. 에디터가 목표했던 주제판에 원하는 콘텐츠가 노출되었다면 베스트지만 의외의 콘텐츠가 노출되거나 목표한 주제판이 아닌 다른 주제판에 노출된다면 왜 그렇게 된 것인지 고민해 보아야 한다.

콘텐츠가 주제판의 어느 영역에 소개되었는지도 확인해봐야 할 부분이다. 주제판 최상단에 노출되거나 PC 메인에 함께 소개된다면 조회수가 더 높을 수 있지만, 메인노출이 되었다고 하더라도 모바일 메인의 하단에만 소개된다면 조회수가 낮을 수도 있다. 이런 부분들을 파악해 어떤 콘텐츠가 PC 메인에도 함께 노출될 수 있는지, 어떻게 하면 모바일 최상단에 노출될 수 있는지를 고민해 보아야 한다.

▲ 조회수가 가장 높은 주제판 최상단 영역

1-2. 노출 콘텐츠

노출 영역에 대한 확인이 끝났다면 노출된 콘텐츠에 대해서도 분석이 필요하다. 목표했던 주제판에 목표한 콘텐츠가 노출된다면 좋겠지만 그렇지 않았을 경우 왜 그런 것인지 되짚어 보아야 한다. 원하는 주제판에 노출된 것은 맞지만 전혀 생각지도 못했던 콘텐츠가 노출되기도 한다. 주제판 분석이 충분하지 못했을 수도 있지만 다양한 콘텐츠를 소개하는 메인의 특성상 주력 콘텐츠가 아닌 것들도 한 번씩 예외적으로 소개하기 때문에 여기에 해당될 수 있다. 공연전시판을 목표로 전시회를 소개했지만 전시회의 작품 디자인이 독특해 디자인판에도 소개된다거나 동물공감판을 목표로 소개한 동물 콘텐츠가 스쿨잼판에 노출되는 식이다.

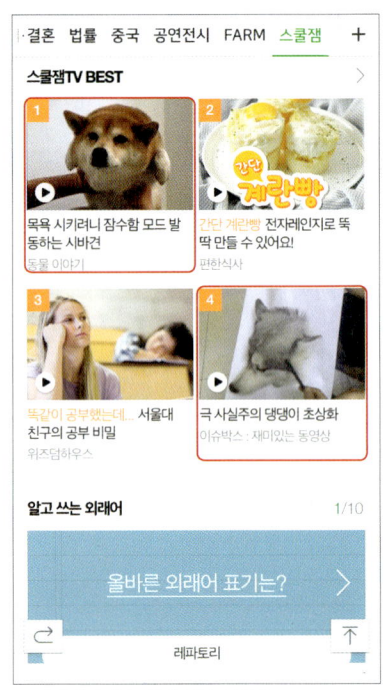

▲ 스쿨잼판에 노출된 동물 콘텐츠

이렇게 의도하지 않았던 메인노출이라고 해서 그냥 넘겨서는 안 된다. 메인노출할 수 있는 새로운 틈새를 발견한 것이니 유사한 콘텐츠를 더 작성해 해당 주제판으로 더 노출될 수 있도록 진행해 보는 것도 좋다. 네이버 메인은 다양한 요인으로 인해 계속 변하며 언제 어떻게 메인노출될지 알 수 없기 때문에 다양한 변수를 생각해 거기에 맞게 능동적으로 대처할 필요가 있다.

1-3. 노출 기간

주제판에 따라 차이가 있지만 대부분의 메인노출은 하루 정도 유지된다. 테크판처럼 주제판 최상단에 새로운 콘텐츠가 쌓이면서 기존 콘텐츠가 밀려나는 방식으로 업데이트 되는 곳은 하루보다 조금 더 노출되기도 하지만, 건강판처럼 전체 콘텐츠가 완전히 바뀌는 곳은 정확히 하루 동안 유지된다. 물론 잡앤판처럼 배열이 하루에도 여러 번 바뀌어 메인노출 후 몇 시간 만에 내려가는 경우도 있으며, 운영방침에 따라 언제든 업데이트 방식은 달라질 수 있다.

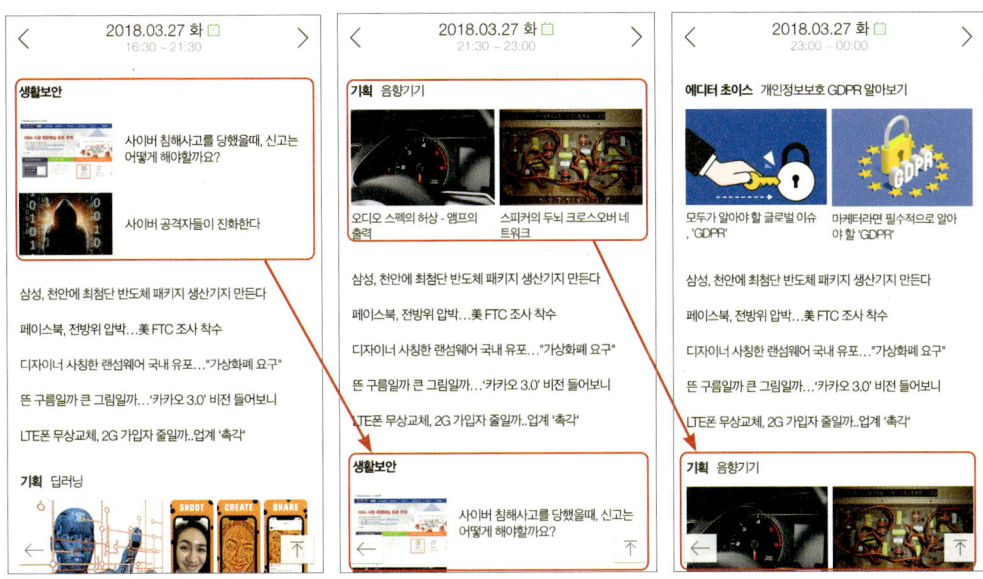

▲ 새로운 콘텐츠가 추가 되면서 기존 콘텐츠가 밀려나는 업데이트 방식

그렇다고 해서 모든 콘텐츠가 딱 한 번만 노출되는 것은 아니다. 일부 주제판은 별도의 코너를 통해 어제 인기 있었던 콘텐츠나 한 주간 인기 있었던 콘텐츠를 다시 소개한다. 여기에 소개될 경우 조회수는 그 만큼 더 늘어나게 된다.

▲ 인기 콘텐츠로 다시 소개된 콘텐츠

일부 콘텐츠는 이런 것과 무관하게 추가로 소개되기도 하는데, 연달아 몇일씩 노출되거나 텀을 두고 반복적으로 소개되는 경우도 있다. 몇 달 후에도 다시 소개되기도 하는데, 이는 그만큼 메인에 소개할 만한 가치가 있고 독자들이 많이 읽는 콘텐츠라는 방증이기도 하다. 그러나 이렇게 여러 번 소개된다고 해서 모두 잘 만든 콘텐츠는 아니다. 명확한 규칙이나 연관성을 찾기 어려운 경우가 많기 때문이다.

▲ 며칠 후 다시 소개된 콘텐츠

2 _ 변경사항 확인하기

네이버 메인에 노출된 콘텐츠는 크게 두 가지가 변경될 수 있는데, 바로 제목과 대표 이미지다. 주제판마다 편집방향이 다르기 때문에 에디터가 정한 제목이 아니라 편집자가 변경한 제목으로 노출될 수 있으며, 대표이미지 역시 에디터가 지정한 것 그대로 노출되기도 하지만 여러가지 이유로 편집자가 대표 이미지를 변경할 수 있다. 물론 실제 콘텐츠가 변경되는 것은 아니고, 네이버 메인의 소개 페이지에서 변경되는 것이니 오해 하지 않길 바란다.

2-1. 변동이 있을 경우

이를 통해 확인해야 할 것은 각 주제판이 선호하는 제목과 대표 이미지다. 주제판에 따라 제목과 대표이미지를 정하는 기준이 조금씩 다르기 때문에 콘텐츠를 작성할 때부터 특정 주제판에 꼭 맞게 준비한다면 노출 확률을 조금이라도 더 높일 수 있다. 물론 그렇다고 해서 운영 중인 채널의 아이덴티티나 전체적인 흐름에 방해되는 수준의 제목과 대표 이미지를 설정하는 것은 좋지 않으니 적정선에서 타협하는 것이 좋다.

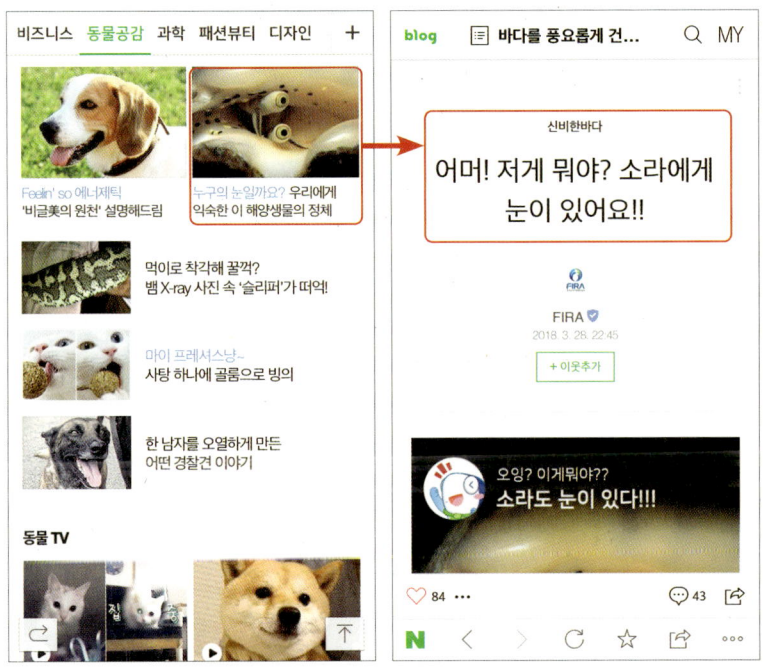

▲ 제목이 변경된 콘텐츠

경우에 따라서는 에디터가 전혀 의도하지 않은 느낌으로 노출되는 경우도 있다. 타이틀과 대표 대표이미지가 변경된 채 에디터가 생각지도 못한 코너에 소개되는 것이다. 채널을 운영하다보면 이 콘텐츠가 이렇게도 소개될 수 있구나 싶은 사례를 종종 만나게 되는데, 흔한 경우가 아니며 이런 부분까지 예상해서 콘텐츠를 제작할 수는 없기 때문에 참고만 하면 될 것이다.

2-2. 변동이 없을 경우

물론 이런 변경 없이 에디터가 지정한 그대로 노출되기도 한다. 에디터의 콘텐츠를 그대로 소개하는 것이 내부 정책인 경우도 있지만, 에디터가 지정한 제목과 대표 이미지가 주제판에 적합하기 때문일 수도 있다. 평소 콘텐츠의 제목이 변경되어 노출되는 주제판에 본인이 지정한 제목과 대표이미지가 그대로 노출된다면 주제판의 편집방향과 일치한 것이니, 앞으로 그 부분에 더 신경을 쓰면 노출 확률을 더 높일 수 있다.

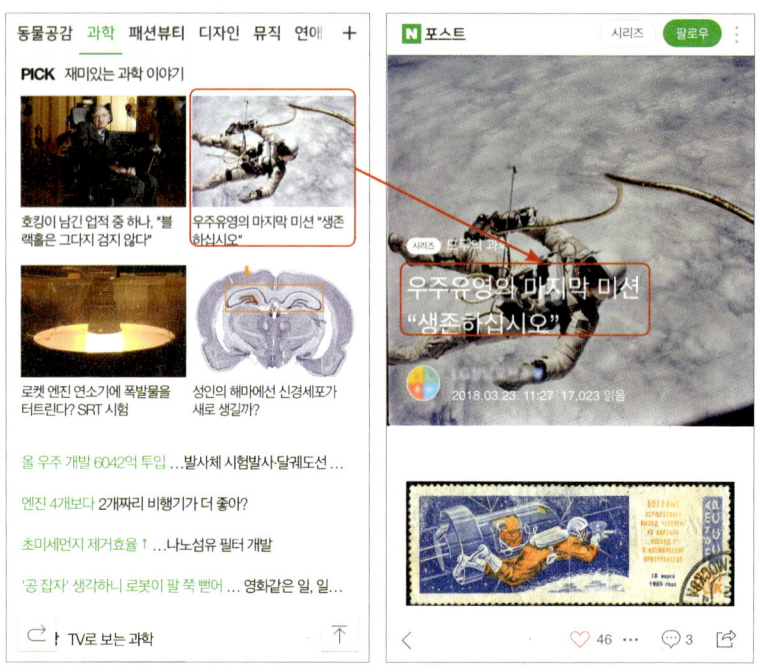

▲ 변동 사항이 없는 콘텐츠

3 _ 독자 반응 확인하기

독자들의 반응은 크게 다음과 같이 세가지로 나눌 수 있다.

❶ 긍정적인 반응
❷ 부정적인 반응
❸ 무반응

에디터가 지향해야 할 것은 바로 첫 번째 반응이다. 모든 에디터가 그런 반응을 목표로 콘텐츠를 작성하겠지만 경우에 따라 독자들의 반응이 전혀 달라질 수도 있으니 주의가 필요하다. 비슷한 제목과 내용의 콘텐츠라 하더라도 어떤 주제판에 노출되는지, 초기 댓글을 누가 어떻게 다는지, 당시의 이슈가 무엇이고 분위기는 어떤지에 따라 차이가 있을 수 있다.

3-1. 콘텐츠 점검

독자들이 읽고 공감할 수 있는 콘텐츠였는지 다시 한 번 확인할 필요가 있다. 에디터가 생각했던 메시지가 충분히 독자들에게 전달되었는지를 확인하는 것이다. 좋은 콘텐츠는 콘텐츠 자체만으로 공감을 이끌어낼 수 있어야 한다. 독자가 공감할 수 있는 콘텐츠는 그 자체만으로 가치가 있기 때문에 메인에 노출될 확률이 기본적으로 높고, 독자들의 만족도 또한 높을 수밖에 없다. 그러나 이렇게 정성을 들인다고 하더라도 허점이 있거나 오류가 발견된다면 에디터의 노력과는 무관하게 다른 반응을 얻을 수 있으니 완성도에 주의를 기울여야 한다.

3-2. 주제판 점검

같은 콘텐츠라 하더라도 노출되는 주제판에 따라 독자층이 다르기 때문에 다른 형태의 반응이 나타날 수 있다. 메인노출을 꾸준히 진행하면서 공격적인 독자가 많은 주제판에서는 논란이 될 수 있는 부분을 확실히 제거하고 명확한 사실을 전달하는데 집중해야하며, 공감되는 콘텐츠를 선호하는 독자가 많은 주제판에서는 이 부분을 감안해 공감을 이끌어 내는데 신경써야 한다. 앞서 언급한 메인노출 정확도를 높여야하는 것은 바로 이 때문이다. 생각지 않은 주제판에 노출될 경우 오히려 부정적인 반응을 이끌어낼 수 있다는 것을 명심하도록 하자.

3-3. 초기 댓글

일부 에디터들은 본인의 다른 계정들로 초기 댓글을 유도하는 경우도 있는데, 분명한 한계가 있으며 장기적으로 해가 될 수 있으니 순수하게 독자들의 반응에 기대는 것이 좋다. 초기 댓글을 긍정적으로 이끌어내기 위해서는 콘텐츠의 가독성이 뛰어나야 한다. 빠르게 읽어 내려가 무슨 말인지 파악할 수 있으며, 내용에 문제가 없고 오탈자 또한 없다면 본인의 생각이나 공감을 남기는 댓글 위주로 쌓이기 시작한다. 콘텐츠가 하나의 대화의 장을 마련하도록 하는 것도 좋다.

3-4. 이슈

당시의 이슈에 따라 독자들의 반응이 달라질 수 있다. 어떤 경우에는 이슈와 맞물려 의도와 상관없이 부정적인 여론이 형성될 수 있다. 이러한 위험성 때문에 콘텐츠는 미리 작성해두었다가 시의적절하게 발행하는 것이 좋다. 이미 다른 곳에서 논란이 된 내용이거나 문제가 있는 부분이라면 다시 한 번 더 점검하면서 발행을 미루는 것이다. 이렇게 시기를 살피며 콘텐츠를 발행한다면 이슈에 따른 부정적인 반응을 피해갈 수 있다.

LESSON 04

실제 사례로 보는 메인노출

채널을 운영하다보면 생각지도 못한 다양한 상황에 맞닥뜨리게 된다. 지금부터 소개할 실패와 성공 사례를 참고한다면 분명 큰 도움이 될 것이다. 실제 사례를 바탕으로 도출한 세 가지 핵심 포인트도 함께 소개하고 있으니 반드시 확인해 보도록 하자.

1 _ 실패 사례 살펴보기

메인노출은 대부분의 사람들에게 낯선 경험이기 때문에, 채널을 어떻게 만들고 활용하며 관리해야 하는지를 몰라 곤란한 상황에 처하는 경우가 많다. 다른 채널들의 실패 사례를 참고한다면 무엇을 하고 무엇을 하지 말아야 하는지 좀 더 명확하게 알 수 있을 것이다.

1-1. 메인노출이 예고된 콘텐츠에 홍보 링크를 추가한 A 채널

네이버 메인은 편집자가 정한 일정에 따라 운영된다. 일부 콘텐츠는 당일에 추가되기도 하지만 사전에 등록한 대로 업데이트되는 것이 일반적이다. 일부 편집자들은 메인에 노출할 콘텐츠가 정해지면 언제 어느 주제판에 노출되는지 댓글로 알려주기도 하는데, A 채널은 이 댓글이 달린 후 본문을 수정해 불이익을 받았다. 본문 하단에 자사 상품을 홍보하는 링크를 추가한 것인데, 그 정도는 괜찮을 것이라고 생각했지만 예고한 당일에 해당 콘텐츠는 노출되지 않았고 두 번 다시 편집자의 댓글이 달리지 않았다.

1-2. 메인노출된 콘텐츠를 삭제한 B 채널

메인노출된 콘텐츠는 수정에 유의해야 한다. 이미 많은 사람들이 실시간으로 유입되고 있기 때문에 간단한 수정은 괜찮지만 내용이 크게 달라지는 것은 문제가 된다. A 채널과 같이 다른 목적을 가지고 수정하는 것은 독자는 물론, 편집자의 신뢰를 잃을 수 있기 때문에 더욱 주의해야 한다. B 채널은 메인노출 콘텐츠를 수정한 것이 아니라 아예 삭제해 더 큰 문제가 됐다. 누군가가 콘텐츠의 내용을 확인하고 항의하자 급한 마음에 콘텐츠를 삭제해 버린 것이다. 이후 편집자에게 주의를 받았으며 메인노출 빈도 역시 크게 줄고 말았다.

1-3. 부정확한 콘텐츠로 역풍을 맞은 C 채널

메인노출 콘텐츠는 네이버의 첫 화면에 소개되기 때문에 콘텐츠를 향한 독자들의 기대치가 여느 언론사의 기사를 대하는 것만큼이나 높은 편이다. 소통이나 질문이 목적인 일반 댓글과 달리, 메인노출 콘텐츠에 달리는 댓글은 본문에 대한 의견이나 평가가 주를 이룬다. 상대적으로 더 공격적이며 날카롭기 때문에 콘텐츠 완성도에 더욱 주의를 기울여야 한다. C 채널은 관련 분야의 전문가가 봤을 때 문제를 제기할 수 있을 만한 오류는 물론, 오탈자까지 다수 포함한 부실한 콘텐츠로 역풍을 맞았다. 메인노출 후 순식간에 콘텐츠의 여러 문제점을 지적하는 댓글들이 달리기 시작했고 이들 댓글이 공감을 얻어 베스트 댓글들로 선정되며 곤란을 겪었다.

1-4. 매출이 늘지 않는다며 운영을 중단한 D 채널

특정 주제판에 반복적으로 노출되기란 쉬운 일이 아니다. 그만큼 대체 불가능한 콘텐츠를 생산한다는 뜻이며 편집자가 그만큼 신뢰하고 있다는 증거이기도 하다. D 채널은 체계적인 운영으로 메인노출이 꾸준히 일어났고 장기적으로 봤을 때 의미 있는 성과를 충분히 낼 수 있었다. 하지만 실질적인 매출에 도움이 되지 않는다는 이유로 어느 날 갑자기 운영을 중단해버렸다. 해당 주제판의 우수 사례로 소개될 만큼 가능성을 인정받아 향후 더 많은 기회를 만들 수 있었음에도 눈앞의 매출에만 급급해 이를 포기하고 말았다.

1-5. 방향을 잘못 잡아 딜레마에 빠진 E 채널

개인에게 꾸준한 메인노출은 보람된 일일 수 있다. 하지만 기업의 입장에서는 그 이상의 무언가가 필요하다. E 채널은 운영사의 사업 분야와 어느 정도 유사성이 있는 주제판을 공략했고 실제로 꾸준한 메인노출을 만들어내며 적지 않은 팔로워를 거느린 채널로 성장했다. 하지만 채널의 방향성과 용도를 명확하게 설정하지 않은 채 운영하다보니 사업 분야와 유사한 카테고리를 다루고 있음에도 상업적으로 활용할 수 없는 상태가 되고 말았다. 메인노출이 꾸준하게 일어나고 있었기 때문에 운영을 중단할 수는 없었지만 사업과의 연결점을 만들지 못해 곤란한 상황에 처하게 된 것이다.

1-6. 변화에 민감하게 대응하지 못한 F 채널

네이버 메인은 끊임없이 변화한다. 운영 방침이 변경되기도 하며 독자들의 관심도에 따라 노출되는 콘텐츠의 주제나 포맷이 달라지기도 한다. 변화에 민감하게 반응해 독자들을 만족시킬 수 있는 콘텐츠를 생산한다면 롱런할 수 있지만, 그렇지 못할 경우 메인노출은 언제든 중단될 수 있다. F 채널은 한때 특정 주제판의 터줏대감과 같은 존재였다. 콘텐츠도 훌륭했고 경쟁자도 존재하지 않았다. 하지만 주제판의 운영방침이 달라지고 독자층이 변하면서 메인노출이 뜸해지기 시작했다. 대체 가능한 콘텐츠가 쏟아졌고 F 채널이 자랑하던 콘텐츠 포맷은 어느덧 구식이 되어 버렸다. 변화에 민감하게 대응했다면 지금쯤 더 큰 채널이 될 수 있었을 것이다.

2 _ 성공 사례 살펴보기

채널을 운영하는 이들은 많지만 메인노출을 경험하는 것은 소수다. 메인노출이 되더라도 양질의 콘텐츠를 꾸준히 생산하는 것은 쉬운 일이 아니기 때문에 중간에 포기하기도 하며, 초기 기획의 실패로 진퇴양난에 빠지거나 아무런 성과를 거두지 못하기도 한다. 성공 사례들은 이런 과정을 버텨내면 무엇을 얻을 수 있는지를 확인시켜 줄 것이다.

2-1. 카카오톡 채널에도 노출되는 G 채널

카카오톡의 '채널'이라는 서비스는 네이버 메인과 유사한 콘텐츠 유통 플랫폼이다. 네이버가 블로그, 포스트 등 자체 서비스에 등록된 콘텐츠를 네이버 메인에 유통하는 것처럼 카카오 역시 다음 뉴스, 다음 카페, 브런치, 티스토리 등의 콘텐츠를 카카오톡 채널에 노출한다. G 채널은 네이버 포스트를 운영하며 꾸준히 메인노출한 덕분에 브랜드 인지도와 고객들의 유입이 크게 상승한 것은 물론, 카카오 채널에도 콘텐츠를 공급하는 일거양득의 효과를 거뒀다. 실제로도 네이버 메인과 카카오톡 채널에 동시에 노출돼 두 배의 효과를 누리는 채널이 적지 않으며, 제 3의 서비스에 콘텐츠 공급 계약을 맺어 수익을 창출하는 경우도 존재한다.

2-2. 거의 모든 주제판에 노출되는 H 채널

네이버 메인에는 35개가 넘는 주제판이 존재하며 그 중 우리가 실제로 노출될 수 있는 주제판은 25개 정도다. 어떤 채널은 하나의 주제판에도 겨우 노출되지만 다른 어떤 채널은 두 개 이상의 주제판에 노출돼 강력한 영향력을 발휘하고 있다. H 채널은 거의 모든 주제판에 노출되는 몇 안 되는 채널 중 하나다. H 채널도 처음부터 모든 주제판에 노출되었던 것은 아니다. 운영 초기부터 분명한 목표와 단계별 계획을 가지고 네이버 메인의 변화에 민감하게 살피면서 꾸준하게 콘텐츠를 생산한 것이 유효했다. 이제는 네이버 사용자라면 모르는 사람이 없을 정도로 잘 알려져 있으며 지금도 여전히 눈에 띄는 성과를 보이고 있다.

2-3. 메인노출은 물론 상위노출도 잡은 I 채널

공식 블로그나 공식 포스트가 상위노출에 유리하다는 것은 널리 알려진 사실이다. 하지만 메인노출을 반복하는 채널도 이와 유사한 효과를 누릴 수 있다. I 채널은 꾸준한 메인노출 이후 상위노출도 일부 잡을 수 있게 됐다. I 채널 역시 앞서 언급한 D 채널처럼 당장 눈에 보이는 매출 때문에 운영 중단을 고민하기도 했지만, 멈추지 않고 꾸준히 운영한 덕분에 메인노출과 상위노출이라는 두 마리 토끼를 모두 잡을 수 있었다. 물론 검색창은 변화무쌍한 곳이기 때문에 언제든 상황이 달라질 수 있다.

2-4. 최적의 접근으로 최대의 효과를 누리는 J 채널

메인노출이 모든 이들에게 동일한 효과를 가져다주는 것은 아니다. 아무런 소득도 얻지 못하는 경우가 있는 반면, 브랜드에 대한 호감도를 높이고 긍정적인 인식을 심어주기도 하며 때로는 직접적인 매출을 발생시키기도 한다. 어떤 분야의 브랜드가 어떤 주제판에 노출되는가에 따라 결과가 달라질 수 있는데, J 채널은 브랜드 강화는 물론 매출까지 크게 상승한 대표적인 사례다. 분야 자체가 직접적인 매출을 내는데 적합했고 접근법 또한 훌륭했다. 활용할 수 있는 모든 방법을 동원해 채널을 성장시킨 덕분에 모두가 부러워 할 만 한 성과를 거둘 수 있었다.

3 _ 세 가지 핵심 포인트

성공과 실패 사례는 우리에게 다양한 교훈을 준다. 너무 많고 복잡하게만 느껴진다면 이들 사례에서 도출한 세가지 핵심 포인트만 기억하도록 하자. 메인노출 채널 운영에 꼭 필요한 것이 무엇인지 명확하게 짚어줄 것이다.

3-1. 채널 기획 능력

많은 이들이 장기적인 기획 없이 어떻게든 될 것이라는 기대를 안고 채널을 운영한다. 하지만 명확한 채널 설계 없이 무작정 운영할 경우 제대로 된 성과를 얻지 못할 뿐 아니라 곤란한 상황에 처할 수도 있다. '방향을 잘못 잡아 딜레마에 빠진 E 채널'과 같은 사례는 실제로 상당히 빈번하게 발생한다. 메인노출이 잘되니 열심히 운영을 해보지만 어느 순간 얻는 것이 없다는 것을 깨닫고 고민하다 결국 손을 놓아버리는 것이다. '매출이 늘지 않는다며 운영을 중단한 D 채널' 사례 역시 크게 다르지 않다. 처음부터 채널 운영을 통해 얻을 수 있는 부분을 명확하게 인지하고 있었다면 그 만큼의 시간과 비용을 아낄 수 있었을 것이다.

메인노출은 분명 즐겁고 놀라운 경험이다. 하지만 콘텐츠를 생산하는 것은 적지 않은 시간과 노력을 필요로 하기 때문에 채널을 운영하는 목적과 구체적인 활용 방안을 장기적으로ㅋ 따져보아야 한다. 이 같은 채널 기획 과정은 메인노출 자체에 있어서도 상당히 중요한 부분이다. 노출되고자 하는 주제판에 어떤 컨셉으로 어떻게 접근하느냐에 따라 확률과 빈도가 달라질 수 있으며 메인노출 시 얻게 되는 효과도 다를 수 있다. '최적의 접근으로 최대의 효과를 누리는 J 채널'과 '거의 모든 주제판에 노출되는 H 채널'은 전혀 다른 기획으로 성과를 낸 대표적인 사례들이다.

자세한 내용은 "Chapter 02 네이버 메인 분석하기"를 참조하도록 하자.

3-2. 콘텐츠 기획 능력

네이버 메인에 노출되는 콘텐츠는 유튜브나 페이스북의 콘텐츠와는 다르다. 네이버만의 문법과 색깔을 바탕으로 하고 있으며 주제판에 따라 또 달라지기 때문에 이 부분에 대한 충분한 이해가 우선되어야 한다. 차별화된 콘텐츠 기획 능력은 메인노출의 기초가 된다. 네이버 메인이라는 공간은 한정되어 있고, 콘텐츠를 생산하는 이들은 상대적으로 많다보니 남다른 기획 능력이 승패를 가를 수밖에 없다. 앞서 살펴본 실패 사례의 채널들조차도 콘텐츠 기획 능력에는 부족함이 없었다는 것을 명심해야 할 것이다. 물론 '부정확한 콘텐츠로 역풍을 맞은 C 채널'과 같은 실수는 반드시 피해야 한다.

'변화에 민감하게 대응하지 못한 F 채널' 사례는 생존을 위해서는 끊임없이 변화해야 함을 잘 보여주고 있다. 이 채널의 콘텐츠는 여전히 훌륭했지만 주제판의 달라진 편집 방향이나 독자들의 새로운 취향을 반영하지 못했고 자연스럽게 메인노출과는 멀어지게 됐다. 메인노출이 모든 것을 해결해주는 것은 아니지만 지금 당장 활용할 수 있는 가장 큰 성장 동력이기 때문에 최대한 활용해야 한다. 실제로 F 채널처럼 과거에는 메인노출이 빈번했지만 어느 샌가 뜸해지면서 운영을 중단하는 사례가 적지 않다. 이렇듯 생존을 위해서는 본인의 주제판 뿐 아니라 네이버 메인 전체의 동향을 종합적으로 파악하고 있어야 하며 다양한 콘텐츠를 기획하고 생산하면서 충분한 경험을 쌓아가야 한다.

자세한 내용은 "Chapter 02 네이버 메인 분석하기-LESSON 02. 주제판 상세 분석하기, LESSON 03. 벤치마킹 진행하기", "Chapter 03 메인노출 콘텐츠 작성하기", "Chapter 04 메인노출 진행하기-LESSON 01. 편집자 이해하기, LESSON 04. 메인노출 이벤트 총정리"를 참조한다.

3-3. 채널 운영 능력

주제판이 늘어나고 보다 많은 사람에게 기회가 부여되면서 누구나 한 번 쯤은 메인노출을 경험할 수 있는 시대가 됐다. 하지만 누군가는 꾸준히 반복적인 메인노출을 경험하는 반면, 다른 누군가는 한두 번에 그치거나 잘 노출되다가 어느 샌가 중단되기도 한다. 그렇기 때문에 메인노출 되는 것만큼이나 이를 꾸준하게 유지하는 능력이 중요하다. '메인노출이 예고된 콘텐츠에 홍보 링크를 추가한 A 채널'이나 '메인노출된 콘텐츠를 삭제한 B 채널'처럼 운영하다가는 애써 얻은 기회를 날려버릴 수 있다는 것을 명심하도록 하자.

꾸준함은 모든 분야에서 통용되는 진리다. 메인노출 역시 다르지 않다. 꾸준하게 채널을 운영하지 않으면 메인노출이라는 결실을 맺을 수 없으며 메인노출 된다고 하더라도 운영을 멈추거나 중단하면 그 동안의 노력이 수포로 돌아가게 된다. '매출이 늘지 않는다며 운영을 중단한 D 채널'처럼 초기에 방향을 잘못 설정했다고 해도, 채널을 최소한으로라도 유지하는 것이 바람직한 선택이었다. 꾸준하게 운영을 했더라면 '메인노출은 물론 상위노출도 잡은 I 채널'처럼 상위노출을 잡을 수 있었을 수도 있고, '카카오톡 채널에도 노출되는 G 채널'처럼 더 크게 성장할 수 있는 기회가 찾아왔을지도 모른다.

자세한 내용은 "Chapter 05 메인노출 관리하기"와 "Chapter 04 메인노출 진행하기-LESSON 02. 장기적인 운영방법"을 참조한다.

Epilogue
후기

개인을 위한 조언

이제는 '블로거'라는 프레임에서 벗어나야 한다. 개인의 노력과 상관없이, 이미 블로거는 광고쟁이라는 부정적인 이미지가 강해졌기 때문이다. 이제 우리는 '에디터'가 되어 전문적이고 완성도 높은 콘텐츠를 생산해내며 우리가 가진 브랜드를 새롭게 디자인해야 한다.

모든 이들에게 전문 에디터가 되라는 말은 아니다. 블로그를 통해 소소한 일상을 남기고 이웃과 소통하고자 하는 이들에게는 메인노출을 통해 개인 브랜드를 강화하는 과정이 필요하지 않다. 그러나 제 2의 인생을 위해, 혹은 자신의 포트폴리오를 만들기 위해 콘텐츠를 생산하고 있다면 블로거라는 프레임을 벗어던지고 전문 에디터로 거듭날 필요가 있다.

그 동안 우리가 쫓던 상위노출은 콘텐츠 자체보다는 방법에 치중하게 만든다. 더 좋은 제목이 있고 더 좋은 흐름이 있지만 상위노출이 안 될까봐, 최적화가 안 될까봐 콘텐츠의 완성도를 포기하게 만든다. 그러나 메인노출은 근본적으로 콘텐츠 자체가 우선이 된다. 따라서 방법론에 흔들리지 않고 본인의 전문성을 있는 그대로 드러낼 수 있게 해주며, 또 그것을 많은 사람들에게 보여줌으로써 우리의 가치를 높여준다.

네이버가 메인노출을 내세워 양질의 콘텐츠를 요구하고 전문 에디터들을 양성하고 있으니, 여기에 적극적으로 참여해 성장의 기회를 잡아야 한다. 더 이상 편법으로 해법을 찾으려 해서는 안 된다. 편법은 언젠가 들통이 나게 되어 있다. 지금까지는 눈앞의 이익 때문에 본인이 가진 전문성과 진정성을 외면해 왔을지 몰라도, 이제는 본인이 가장 잘 할 수 있는 것을 찾아 그것을 양질의 콘텐츠로 만들어내야 한다. 이것이 언제 사라질지 모를 상위노출을 쫓는 것보다 훨씬 의미 있고 가치 있는 결과를 가져다 줄 것이다. 필자 역시 가장 자신 있는 콘텐츠를 꾸준히 쌓아둔 채널이 있었기 때문에 1인 기업으로 당당하게 독립할 수 있었다.

어떤 채널이든 상관없다. 블로그나 포스트도 좋고, 유튜브나 브런치가 도움이 될 수도 있다. 스스로의 전문성을 최대한 활용할 수 있는 채널을 통해 차근차근 개인 브랜드를 강화해 나간다면 분명 생각지 못한 새로운 기회가 찾아올 것이다. 필자가 그랬던 것처럼 말이다.

기업을 위한 조언

네이버 마케팅은 상위노출로 대표된다. 과거에는 그것이 유일한 방법이라고 여겨졌지만 지금은 상황이 달라졌다. '상위노출은 끝났다'는 말이 아니다. 아직까지 상위노출이 직접적인 매출 향상에 도움이 되는 것은 부정할 수 없는 사실이다. 그러나 그것만으로 충분하지 않다는 것을 우리 모두가 알고 있다. 이제는 눈앞의 이익을 넘어 장기적으로 브랜드를 강화해나가는 과정이 반드시 필요하다.

이미 많은 기업들은 내부적으로 팀을 구성해 마치 매거진을 발행하듯 흥미로운 콘텐츠를 만들어내며 콘텐츠 마케팅에 열을 올리고 있다. 이유는 한 가지다. 더 이상 상품이나 서비스만으로는 승부하기가 어렵기 때문이다. 아무리 자사 상품이나 서비스의 강점이 두드러지는 홍보성 글을 쓴다고 해도, 똑똑한 고객들은 다양한 루트를 통해 진짜 정보를 얻는다. 상업적인 콘텐츠는 이제 독자들의 마음을 얻어내지 못할 뿐 아니라 오히려 불신만 키운다.

더 이상 단편적인 광고에 휘둘리지 않는 고객들은 무분별하게 상위노출되는 브랜드보다는 평소 익숙하고 호감을 가지고 있는 브랜드를 선택한다. 브랜드에 대한 긍정적인 인식은 한 순간에 만들어지는 것이 아니다. 고객들이 관심을 갖고 읽을 수 있는 양질의 콘텐츠를 꾸준히 제공함으로써 기업은 자연스럽게 자사 브랜드에 대한 긍정적인 이미지를 만들어가게 되는 것이다. 그리고 이 과정이 가장 효과적으로 이루어지는 공간이 바로 네이버 메인이다.

메인노출의 효과는 단지 브랜드 인지도가 적은 기업에 국한되지 않는다. 이미 잘 알려진 브랜드라고 해도 더 많은 잠재 고객들에게 자사 브랜드를 어필하고 긍정적인 인식을 쌓고자 한다면 메인노출이 꼭 필요하다.
상위노출에만 목을 매던 기업들에게 어쩌면 메인노출은 생소하게 들릴 수 있다. 그러나 메인노출은 우리에게 새롭게 주어진 절호의 기회이자, 누구나 잡을 수 있는 기회이기도 하다. 바로 지금이 더 늦기 전에 메인노출로 눈을 돌려야 할 때다.

이제 두 번째 기회가 온다

네이버 메인의 활성화를 위해 많은 양의 콘텐츠가 필요하던 시기가 있었다. 일찍이 네이버의 요구를 파악하고 양질의 콘텐츠를 공급하던 에디터들은 이 시기 네이버 메인에 자주 노출될 수밖에 없었고, 다양한 초기지원정책의 수혜를 받으며 이제는 범접할 수 없는 수준의 채널로 성장했다. 그것이 메인노출을 통해 채널을 성장시킬 수 있었던 첫 번째 기회였다.

이제 곧 두 번째 기회가 찾아올 것이다. 어쩌면 이미 조용하게 진행되고 있는지도 모른다. 네이버 메인은 앞으로 꾸준히 확장될 것이므로, 첫 번째 기회를 놓쳤다고 해서 메인노출 마케팅을 포기해서는 안 된다. 본인의 전문 분야가 메인노출과 무관하다는 생각이 들거나 아직 관련 주제판이 존재하지 않아 망설여질 수도 있다. 그러나 네이버는 사용자 개개인에게 꼭 맞는 서비스를 제공하는 것을 목표로 삼고 있기 때문에, 아무리 소수를 위한 콘텐츠라도 반드시 필요한 독자들에게 노출될 수 있도록 최선을 다할 것이다.

이미 첫 번째 성장기는 끝났다. 그리고 세 번째 기회가 또 다시 찾아오리라는 법도 없다. 이번 기회마저 놓친다면 앞으로는 더 어려운 싸움을 해야만 할 것이다. 네이버 메인이라는 한정된 영역을 빼앗기기 전에 서둘러 움직여야 한다.

혼자서도 할 수 있는 시리즈

혼자서도 할 수 있는
아마존 월 매출 1억 만들기
무재고 무자본으로 바로 시작하는 아마존 판매!

장진원 저 | 17,500원

혼자서도 할 수 있는
블로그 마케팅
만들기 | 꾸미기 | 글쓰기 | 검색상위노출 | 방문자 늘리기

유성철 저 | 14,400원

혼자서도 할 수 있는
블로그 마켓
창업준비 | 만들기 | 구매력 높이는 글쓰기 | 단골고객 판매처 늘리기

정하림 강윤정 공저 | 21,000원

IT, 쇼핑몰, 홈페이지, 창업, 마케팅 등의 실무 기능을 혼자서도 배울 수 있도록 차근차근 단계별로 설명한 실용서 시리즈이다.

혼자서도 할 수 있는
오픈마켓 창업 & 마케팅 핵심 전략

G마켓 | 옥션 | 11번가 | 스토어팜

정하림 강윤정 공저 | 21,000원

혼자서도 할 수 있는
바이럴 마케팅

15개 채널 제작/꾸미기/콘텐츠 만들기/상위노출/확산시키기

유성철 저 | 15,500원

상세페이지 제작

쇼핑몰/오픈마켓/소셜커머스/종합쇼핑몰

김대용, 김덕주 공저 | 17,500원

창업 · 쇼핑몰 · 마케팅 시리즈

cafe24 스마트 디자인으로 인터넷 쇼핑몰 만들기

실전 PC & 모바일 쇼핑몰 & 해외 쇼핑몰 만들기

이시환, 고은희 공저 | 23,500원

홍마리오의
네이버 검색 상위 노출 실전북

바로 써먹는 블로그, 카페, 지식iN 상위 노출 노하우!

황홍식, 권오원 공저 | 17,700원

돈버는 쇼핑 도매꾹 완벽분석

모영일 저 | 17,500원

무재고/무자본
오픈마켓 전문셀러 완벽분석

상품 사입없이 오픈마켓 전문셀러로 부자되기!

도매매 전문셀러양성센터 저 | 15,000원